"中国劳模"系列丛书

中国劳模

纸上飞舞的"金剪刀"

高少萍

张乾娟◎著

吉林出版集团股份有限公司

全国百佳图书出版单位

图书在版编目（CIP）数据

纸上飞舞的"金剪刀"：高少萍 / 张乾娟著. --
长春：吉林出版集团股份有限公司，2024.3
（"中国劳模"系列丛书 / 徐强主编）
ISBN 978-7-5731-4490-4

Ⅰ.①纸… Ⅱ.①张… Ⅲ.①高少萍 - 传记 Ⅳ.
①K825.72

中国国家版本馆CIP数据核字（2024）第012201号

ZHI SHANG FEIWU DE "JIN JIANDAO": GAO SHAOPING
纸上飞舞的"金剪刀"：高少萍

出 版 人	于　强	
主　　编	徐　强	
著　　者	张乾娟	
组稿统筹	东北师范大学文学院创意写作研究中心	
责任编辑	王丽媛	
助理编辑	张碧芮	
装帧设计	张红霞	

出　　版	吉林出版集团股份有限公司
发　　行	吉林出版集团社科图书有限公司
地　　址	吉林省长春市南关区福祉大路5788号　邮编：130118
印　　刷	唐山富达印务有限公司
电　　话	0431-81629711（总编办）
抖 音 号	吉林出版集团社科图书有限公司　37009026326

开　　本	710 mm×1000 mm　1 / 16
印　　张	9.5
字　　数	100 千字
版　　次	2024 年 3 月第 1 版
印　　次	2024 年 3 月第 1 次印刷

书　　号	ISBN 978-7-5731-4490-4
定　　价	45.00 元

如有印装质量问题，请与市场营销中心联系调换。0431-81629729

序 言

　　劳动创造财富，劳动创造幸福，劳动创造未来。习近平总书记在2020年全国劳动模范和先进工作者表彰大会上的讲话中指出："全社会要崇尚劳动、见贤思齐，加大对劳动模范和先进工作者的宣传力度，讲好劳模故事、讲好劳动故事、讲好工匠故事，弘扬劳动最光荣、劳动最崇高、劳动最伟大、劳动最美丽的社会风尚。"当今世界，综合国力的竞争归根到底是科技人才和高素质劳动者的竞争。改革开放以来，我们强大的工人队伍用辛勤的劳动和拼搏奉献的精神推动中国制造、中国智造、中国创造走向世界的前列，新时代的中国面貌日新月异。大力弘扬劳模精神、劳动精神、工匠精神，加强高素质技能人才队伍建设，打造一支宏大的知识型、技能型、创新型劳动者队伍，是伟大时代赋予我们的历史责任。

　　劳动模范是民族的精英、人民的楷模，是共和国的功臣。自改革开放以来，广大职工勇立改革潮头，独立自主，奋发图强，勇于创新，其中涌现出一批批全国劳模和大国工匠。他们参与建设了代表中国高度、中国速度、中国深度的一系列重大工程，提升了国家实力，打造了"中国名片"，树立了"中国品牌"，增添了"中国力量"，充分释放出工人阶级的创新活力，展示出大国工匠的强大创造力。他们以工人阶级的满腔热忱在各自平凡的工作岗位上取得了辉煌的成绩，书写了新时代的壮丽篇章。

爱岗敬业、争创一流、艰苦奋斗、勇于创新、淡泊名利、甘于奉献的劳模精神，崇尚劳动、热爱劳动、辛勤劳动、诚实劳动的劳动精神和执着专注、精益求精、一丝不苟、追求卓越的工匠精神，是广大劳动群众在社会生产实践中锤炼形成的弥足珍贵的精神财富，是工人阶级伟大品格的具体体现，是民族精神和时代精神的生动诠释。民族复兴需要劳动模范，祖国强盛需要大国工匠，中国制造、中国智造、中国创造更需要大国工匠的强有力支撑。劳模、工匠等的成长故事、先进事迹中承载的劳模精神、劳动精神和工匠精神，是激励全国各族人民团结奋斗、勇往直前的强大精神力量。

"中国劳模"系列丛书，采用图文结合的方式，讲述全国劳模、大国工匠和先进工作者们的成长经历及他们追梦、筑梦、圆梦的故事，用他们在平凡岗位上创造不平凡业绩的真实故事感染读者，推动形成劳动最光荣、劳动最崇高、劳动最伟大、劳动最美丽的社会风尚，引导广大技术工人和青少年形成劳动光荣、技能宝贵、创造伟大的观念。

"匠心筑梦，强国有我。"新时代是一个万象更新、生机勃勃的时代，也是一个继往开来、创新创业和建功立业的大时代。希望广大读者能以劳动模范为榜样，以大国工匠为楷模，立志技能报国、技术强国，踔厉奋发，勇毅前行，锤炼思想品格，汲取劳动智慧，勇于担当、勤于钻研、甘于奉献，为推进新型工业化和乡村振兴，为加快建设制造强国、质量强国、航天强国、交通强国、网络强国、数字中国、农业强国，全面建设社会主义现代化国家贡献青春力量。

中华全国总工会副主席（兼）

中国航天科技集团有限公司第一研究院

211厂14车间高凤林班组组长

2022年11月

　　高少萍，1969年生，福建省漳州市漳浦县人，国家级非物质文化遗产代表性传承人、福建省工艺美术大师、福建省非物质文化遗产代表性传承人、福建省美术馆（馆聘）首席民间艺术家。获得全国三八红旗手、福建省三八红旗手、"中国剪坛十把金剪刀"、福建青年五四奖章、全国五一劳动奖章等荣誉。担任中华文化促进会剪纸艺术委员会副会长、福建省剪纸协会副主席、福建省侨联常委等社会职务。福建省第十二、十三届人大代表，漳州市第十一、十二、十三届政协委员，中国妇女第十一次全国代表大会（妇代会）代表。

　　高少萍出生在一个艺术之家，父亲高钱厚曾是剧团的舞美设计师，后来成为漳浦县文化馆的美术干部，兼任美术研究会会长。母亲是漳浦县芗剧团的导演兼主要演员。高少萍生活在艺术氛围浓厚的家庭里，青少年时期便展露出绘画天赋。

少年时，高少萍师承黄素和林桃两位剪纸艺术大师。在老一辈艺术家的倾囊相授下，高少萍走上剪纸艺术的道路，并为之奉献一生。

高少萍凭借自己极高的悟性，用现代元素对传统剪纸进行革新，开创了大幅剪纸、刀剪结合等创新之法，在剪纸艺术上有了"四大创新，一大突破"，为中国剪纸艺术的传承和发展做出了重大贡献。

1987年，高少萍创办了荣浦工艺美术社；2000年，工作室发展为高少萍剪纸艺术馆；2006年，高少萍开设了"高少萍剪纸艺术馆漳州窗口"。

2004年，高少萍获得"中国剪坛十把金剪刀"荣誉称号。

2008年，高少萍成为福建省第二批非物质文化遗产漳浦剪纸项目代表性传承人。

2016年，高少萍获得了全国五一劳动奖章。

高少萍一生与剪纸为伴，将传统剪纸与时代主题、时代生活关联，赋予传统剪纸在新时代的旺盛生命力。

目　录

第一章　幼年生活

有一颗小小的种子
掉落在江南的丘陵
灵通山顶的绯红
将鹿溪沉醉
秋风随香樟树的气息漫游
夕阳伴相思木的嫣红酣睡
种子，在溪流的脉络中
长出第一株小芽

有一颗小小的种子
掉落在多彩的闽南
墙角彩绘的风
穿过石窗拂上门楣
金铃敲响妈祖庙的曲脊
烈日剥落法因寺的红砖
种子，滚落客家古楼的青瓦
成长为一朵野花

颇有名望的先祖

> 利在一身勿谋也，利在天下者必谋之。利在一时固谋也，
> 利在万世者更谋之。
>
> ——《钱氏家训》
>
> 家俭则兴，人勤则健，能勤能俭，永不贫贱。
>
> ——《曾国藩家训》

什么是家风？钱氏家族，在唐末以武功立世，在近代以文化传世，上千年来绵延不断。曾国藩家族，文化政经，皆有良才！一种文化内核，被积淀、传承，泽被后世。这就是家风，是中国式的智慧。只有扎根于中国文化，扎根于中国的深厚传统，家族才能根深叶茂、传承久远。

高少萍获得的艺术成就，也源于家风的传承，高少萍的先祖高登（号东溪）就是漳浦县的一个传奇人物。

《宋史》和《漳浦县志》都有关于高登的记载。高登18岁入读太学，当时的宋王朝面临内忧外患，风雨飘摇。高登与好友陈东冒着生命危险，先后两次带头上书，斥责奸佞，请愿起用忠良。这两次太学生伏阙拜疏事件，对当时的朝野影响很大。

高家传承到清代，定居在福建省南部沿海云霄县。高少萍的高

祖高天瑞有四子——文伟、文英、文俊、文杰。兄弟四人从事海商买卖，富甲一方。乾隆五十四年（1789年），高家在宜谷径村筹建了固若金汤的树滋楼（土楼），该楼现为省级文物保护单位。那时的高家还捐资建桥、修路，创办学校，行善多多。

　　然而，高少萍的祖父没有传承高家勤俭持家、乐善好施的家风，反而因为赌博倾家荡产。到了高少萍父亲高钱厚这一代，钱不再"厚"，他家已经是"高钱无"的贫下中农了。为了温饱，高钱厚在读小学的时候就开始卖冰棒，还带着弟弟卖菜……17岁时在龙海县（今龙海区）画电影广告，后被漳浦县芗剧团借调当舞美设计师，最后被分配到漳浦县文化馆工作。

　　高少萍的外公叫林明庆，多才多艺。他不仅能作词、作曲，还能发明创造，他发明的花生脱壳机和风力抽水机，还获得了中华人民共和国轻工业部的奖励。外婆叫苏翠英，是个不识字的农村妇女，她却给了高少萍最美好的童年生活。

　　高少萍的父亲高钱厚是舞美设计师。舞

⊙ 1974年，高少萍（前）的全家福

美设计师需要具备一定的美术基础和审美水平，是一个极具个性与创造性的职业。高少萍的母亲林美勤是漳浦县芗剧团的导演兼主要演员，塑造过许多经典的人物，在当地小有名气。1969年12月12日，高少萍出生在这个文化艺术气息浓厚的家庭。在家庭的影响下，高少萍从小就受到了文化艺术的美的熏陶。创作源于生活，动手源于灵感，提高源于勤奋，她的故事就是从这里开始的。

关怀备至的外婆

　　高少萍的母亲作为知名的芗剧演员，工作十分忙碌，于是将大儿子高少晖寄养在城市的奶奶家。母亲生下高少萍后，由于奶奶无法同时带两个小孩，母亲便将高少萍寄养在农村的外婆家。

　　村里山清水秀，天宽地广，高少萍在这里如脱缰野马般度过了快乐的童年。当时，外婆整个家族第三代女孩只有高少萍一人，她可谓"集万千宠爱于一身"，外婆更是将她宠上了天。这段岁月一直深藏于高少萍的脑海中，最终成为她的创作灵感。高少萍用剪纸的形式将这段岁月剪出来，创作了《我的爷爷奶奶》系列作品。

　　她作品中的"奶奶"的形象便有着她外婆的影子，这一系列作品再现了许多她和她的外婆发生的有趣且情深的事件，如摘荔枝、扇蚊子、推磨等，这些内容被高少萍采用漫画的形式、夸张的表现手法呈现出来，让人看后会心一笑，同时作品中流露出的温馨与怀念，唤醒了观者的回忆，激发了他们的共鸣。这套作品深受各界人士好评，也让高少萍获得了大奖。

　　高少萍的成功，有目不识丁的外婆的功劳。外婆用最质朴的方式培养了高少萍的大气个性，她也成为高少萍创作灵感的源泉。

幼儿时期的梦想

　　高少萍5岁便上了幼儿园。那个幼儿园是由一座破庙改建的，虽然没有桌子也没有椅子，但那里却是高少萍发蒙之地。

　　上幼儿园的时候，高少萍的一只小手牵着外婆，另一只小手拿着小凳子。老师教孩子们学习拼音字母"b、p、m、f……"。那时候的老师有浓厚的福建口音，发音不清晰、不准确。后来，高少萍的"我来自湖建""坐灰机在天上灰来灰去"的自我介绍让大家印象深刻。

　　很多孩子都有一个北京梦，而梦想大多产生于"我爱北京天安门，天安门上太阳升"这句歌词，高少萍也不例外。当她第一次听到这句歌词时，就在心里想着：北京是多么遥远、多么神圣、多么可望而不可即的一座殿堂啊！我要去北京！高少萍自己也没有想到，若干年以后，她会到北京上大学，还多次去人民大会堂开会、领奖，还很荣幸地应邀进入人民大会堂赴国宴。而这一切，都源于剪纸。

　　小学阶段，高少萍爱好的东西只有两样：剪纸和看小说。读到喜欢的小说，她便如痴如醉，白天找时间看，晚上躲在被窝里继续

- 上图　高少萍（右）和外婆的合影
- 下图　1959年，高少萍母亲（后排左一）的全家合影（中间坐者为高少萍的外婆）

看，看到情节不吸引她的小说内容，就将这页撕下用来剪纸。高少萍一路玩着，幸福地长大，没有静下心来好好学习。因此，她没能考上大学。

没能认真读书、学习文化知识，是高少萍一辈子的遗憾。她深知在创作道路上，文化知识是基础。高少萍无数次在心中感慨："要是我能上大学该多好呀！"还好，后来高少萍有机会到北京学习，圆了她的大学梦。

第二章　艺术熏陶

隔辈亲，

是外婆围兜里摘下的星星，

是枯瘦的手抹平的月亮。

父辈亲，

是爸爸扇面下生起的南风，

是妈妈眼睛里似水的柔情；

艺术是她不懈的追求，

品德是她一生的成就。

同辈亲，

是哥哥笔尖点睛的颜色，

是相厌到相爱的成长；

相伴是她青春时的扶助，

亲情是她拼搏的后盾。

勤于演出的母亲

高少萍的外公曾是一位成功的企业家，后来遭遇变故，一家子陷入困顿。孩子一大帮，口粮日益减少。外公为了节省口粮，把13岁的长女林美勤送到了漳浦县的一个芗剧团去当学徒。

做学徒，每月只能领到一丁点儿生活费，只有出师后登台演出，才能得到更多的收入。林美勤深知自己只有早早出师，才能为家庭减轻压力。因此，进入剧团后，她特别刻苦。每天清晨，别人还在睡觉时，她就起来吊嗓子、劈叉下腰，苦练基本功，寒来暑往，从不缺席。

经过严苛的训练，林美勤终于可以登台演出。在没有电视的年代，地方戏曲十分流行。特别是春节期间，林美勤每天都要演上三场。最令人记忆深刻的是《梁山伯与祝英台》这出戏，有祝英台在梁山伯墓前十二拜的情节，饰演祝英台的林美勤每一拜都不曾懈怠，都要从台前扑倒跪到台后，三场演出下来，她的膝盖都磕得黑紫黑紫的，甚至有流血的时候。但林美勤从没有想过在动作上微调偷懒，每一场每一拜，都投入了全部情感。甚至连续演出一个月，她都坚持下来了。

靠着"出人头地"的想法，靠着艰苦卓绝的训练，靠着坚忍不拔的意志，林美勤最终成为漳浦县芗剧团的导演兼主要演员。

⊙ 上图　高少萍的母亲——林美勤年轻时候的照片
⊙ 下图　1976年国庆节，高少萍与母亲同台演出时留影

⊙ 高少萍的母亲——林美勤的剧照

林美勤在舞台上极有名角范儿，举手投足间形神兼备、出神入化，嗓音甜脆圆润，吐字清晰。她收获了一大批戏迷，在当地的知名度不亚于影视明星。林美勤戏路较宽，是剧团挑大梁的旦角演员，在舞台上塑造了众多深入人心的人物形象，具有很高的艺术造诣。

母亲表演时的唱腔身段，训练时刻苦勤奋的精神，都潜移默化地影响了高少萍日后对待职业、对待艺术的态度。林美勤艺术表演上的造诣，还给予了高少萍剪纸上的启发。高少萍刚学剪纸时，喜欢剪一些仕女图。剪仕女图需要绘画，而脸部和兰花指是最难画的。这时候，母亲就会摆出自己在舞台上的样子：指尖的轻灵舞动、手腕的舒展挥动、指间的交错滑动。她的手上宛如绽开一朵娇美的兰花。眉头双蹙之怒，眼帘微垂之哀，双目定神之愁，凝视远望之盼，视线转移之羞，都惟妙惟肖。高少萍就在母亲的戏曲之美中去造型、去构图，将仕女剪得古色古香、娇美灵动，技艺得到极大提升。

德艺双馨的父亲

二十世纪五六十年代，结婚需要向单位提出申请，由领导签字，然后拿着单位证明才能领证结婚。

高钱厚是漳浦县芗剧团的舞美设计师，林美勤是剧团名角儿，有同事撮合二人。当时，林美勤的父亲觉得高钱厚有一技之长，人又斯文，这么优秀、文雅的小伙子值得女儿托付终身，他就把女儿嫁给了高钱厚。

那个年代的婚礼，通常是在单位会议室或食堂里用桌子搭一个主席台，单位领导担任主婚人，当着亲友和同事的面，郑重其事地宣布两人结为夫妻。

他们二人生活在相同的环境中，有着共同的理想，夫妻俩共同奋斗，恩爱一生，也有了高少萍和她哥哥两个孩子。

后来，高钱厚成了漳浦县文化馆的干部，他回到家里，常常会跟家里人聊聊工作上的事。小小的高少萍并不懂得爸爸工作上的烦恼，只知道有时候父亲在叹气发愁。

高钱厚说："我们的隔壁县——龙海县是农民画之乡，诏安县是书画之乡，每个地方都有它的特色，可漳浦有什么特色呢？"

林美勤说："漳浦艺术项目多的是，有书画、剪纸、戏曲。艺术家也多。我也算一个艺术家吧？"

高钱厚叹惜道："诏安县的书画历史悠久。我们主抓书画，是不能超越他们的。必须让漳浦的一个特色成为全省，乃至全国的'招牌'！我作为漳浦县文化馆的干部，主抓美术这一块。既然我在这个岗位上，那我也要抓一个东西，为我们单位、为咱们地方做点儿贡献。"

"那就只有剪纸是漳浦最有特色的了，"林美勤说，"你看我们四合院里的黄素阿姨，就很喜欢剪纸！"

高钱厚笑道："我也是这么想的。剪纸也许能成为漳浦的一大特色。可是，漳浦有哪些剪纸大师，各自有怎样的流派风格，要把谁推选出来作为代表，要怎样建设传承体系，这些都是我需要调查研究的，也是我下一步要做的工作。"

从此，高钱厚开始了抢救、发掘、研究、发展漳浦艺术的工作，并且把剪纸作为主抓项目。漳浦剪纸，是代代相传的手艺，漳浦有许多美术工作者，也有许多技艺高超的老艺人。但是，艺人们之间缺乏联系，技艺传承缺乏体系，就像一盘散沙一样。为了将这盘散沙聚成漳浦剪纸艺术之塔，高钱厚的足迹遍布了漳浦县大大小小的村庄，他去发掘、去调研、去整理。回到家后，他便会兴奋地跟家里人分享，说今天下乡了，到哪一个乡镇哪一个村，从老奶奶们手中收集到了什么作品，一边说一边开心地整理。

高少萍就在旁边看着父亲将收集来的剪纸作品登记造册。此时，高少萍还不知道，自己会与剪纸结下一生之缘，自己的一生也因为剪纸而改变。

为了发掘、抢救和发展民间艺术，高钱厚会在寒暑假时举办书画培训班、摄影培训班和剪纸培训班，邀请全国著名画家、书法家和民间剪纸老艺人前来教学和切磋。

虽然那时候高少萍还被寄养在外婆家，但每年寒暑假，父亲都会把她接到身边，因此，高少萍总是跟着父亲参加培训班的活动。她非常好动，在父亲举办的书画培训中上蹿下跳，一会儿看看这个哥哥在画什么，一会儿又跑去看看那个姐姐在写什么。

那时候，培训班邀请的许多艺术家对高少萍日后的创作产生了积极影响。如培训班邀请过国画大师陈君励前来教国画，他善山水花鸟，尤精梅兰竹菊。在国画课上，陈君励讲"四君子图"，梅花的坚贞、兰花的高雅、竹子的清高、菊花的逸趣，给高少萍留下了深刻的印象。高少萍后来剪纸，也常常会选择梅兰

⊙ 上图　高少萍的父母——高钱厚和林美勤的结婚照
⊙ 下图　1978年春节，高少萍（左一）全家福

竹菊的主题，很重要的原因是陈君励在幼年的高少萍脑海中植入的"四君子图"。

等到小学的时候，高钱厚便开始让儿女在培训班中跟着大师们学习美术。后来，高钱厚为了不让漳浦剪纸人才断层，便让高少萍在培训班学习剪纸。

可以说，高钱厚的暑期培训班是高少萍的艺术启蒙之地，给她创造了一个绝佳的师从大师的机会。她的剪纸人生，无论是初始，还是出师，或是到后来成为大师，父亲一直都是她成长道路上的那个伯乐、那盏领航灯。

高少萍13岁那一年，读初中一年级，学校邀请了漳浦剪纸协会的老师们去教学。高少萍被选派协助陈秋日老师（漳浦剪纸协会第二届主席）去讲课。高少萍先在黑板上画好纹样，再由陈秋日老师教剪纸。高少萍初出茅庐，小小年纪就当起助教，在学生和家长中一下子传开了，那个年代的高少萍已然成为"焦点人物"。

父亲对高少萍的引领，是艺术上的启蒙，更是精神上的鼓舞。高钱厚成长在没落的大家族里，虽然钱不再"厚"，可是他不改先祖之风，在生活上、工作上始终严于律己，对高少萍兄妹除在艺术上加以指导外，在品德上也是严加管教。

有一次，兄妹俩做完作业，寻思放松一下，刚好找出一副扑克，便学着大人们的样子玩了起来。高钱厚下班回来，见兄妹二人正玩得笑声阵阵，顿时血冲脑门怒吼道："你们在玩什么？！"

兄妹二人被这一声怒吼给吓住了，手里的扑克也落了一地。父亲那天脾气很大，不仅当着兄妹的面把扑克撕掉，还狠狠地批评了他俩。

从此以后，他们再也不敢做跟"赌"有关的事。后来，兄妹俩才知道，高钱厚的父亲——他们的爷爷赌输了全部家产，害得父亲不能上学读书，很小的时候便要为了生活出去卖冰棒……因此，父亲对"赌"深恶痛绝，也严格自律，绝对不允许自己和子女沾染一点儿"赌"的习气。

孩子的根在父母，言行出自家庭，好的家庭教育是孩子健康成长的关键。正是高钱厚对兄妹俩从小进行艺术的熏陶、严格的管教，才使得兄妹俩在艺术道路上少走了不少弯路，早早地打下了良好的创作基础。

技高一筹的哥哥

高少萍的哥哥叫高少晖，比她大5岁。兄妹俩性格迥异，哥哥白白净净，非常文雅，衬托得高少萍更加外向。哥哥长期生活在城市的奶奶家，高少萍被寄养在乡下的外婆家。兄妹俩只有寒暑假时才会聚在一起。直到高少萍上小学一年级下学期的时候，父母才把她接回县城读书。

在高少晖看来，高少萍是个黑乎乎、扎着两个"冲天辫"，性格咋咋呼呼的丫头。高少萍性格活泼，说话高声大气，整天跑跑跳跳。哥哥高少晖温文尔雅，看书写作，下棋作画，常常嫌弃高少萍太聒噪，兄妹俩时常吵架。

但毕竟血浓于水，慢慢地，随着年龄的增长，高少萍和哥哥不再互相排斥，学会了分享与关爱。有两件事促成了兄妹俩关系的转变。

高少萍在农村生活时，是在与小伙伴的"战斗"中成长起来的，那时的她天不怕地不怕。一次，高少萍和人"约架"，想请哥哥替她撑腰。

可哥哥却说："我不去，读书人怎么能打架呢？你也不能去。"

高少萍只好"单刀赴会"。高少晖不放心，偷偷跟在高少萍后面，却发现高少萍一个人站在那里气势汹汹，对方却有好几个人。高少晖心里一阵怦怦乱跳，趁着双方还在"放狠话"的阶段，赶紧跑回家，对父母说："妹妹在外边跟人家打架，赶紧去把她拉回来！"在大人的干预下，高少萍的"战斗事业"日渐没落。在哥哥的影响下，高少萍也渐渐地磨平了性子，跟哥哥的关系也渐渐好了起来。

后来，兄妹俩成了高山流水的知音。高少晖和高少萍常常坐在桌子的两端画素描。画素描是美术的基本功。高少晖总是非常认真地画画，心神专注，动作娴熟。

高少萍幼时在农村生活，根本没学过画画，画素描时线条混乱。一次，她看哥哥的画作，线条流畅，明暗交替，立体感强，绘画水准非常高。

高少萍凑上前，满脸堆笑："哎呀，哥哥，你画得怎么这么漂亮！你怎么这么厉害！""哥哥，你这水果画得比树上长的还新鲜，我真想咬一口呀！""哥哥，你这么厉害，教教我呗！"高少萍一通马屁拍下来，哥哥开始指导她画画，晚上，爸爸妈妈回来后，高少萍继续说道："爸爸，哥哥画画好认真呀，画得真好！哥哥还教我画画呢！"在高少萍的甜言蜜语攻势下，兄妹俩越来越亲近，感情也越来越好。

　　每年春节，高钱厚所在的县文化馆都会举办笔会活动，邀请许多书画家来写字作画。笔会需要现场写字画画，高少晖基本功扎实，自然要写画一番。高少萍也撸起袖子画画，她画了一幅《雄鹰展翅》，画完后，十分得意。但高少晖一边拿起笔在老鹰的眼睛里添了一丁点儿白色和黄色，一边和高少萍说道："画老鹰，最重要的是画它的神态，眼睛如果没有神，霸气就出不来。"接着又在鹰爪上添了一笔，让鹰爪更尖更弯。他又补充道："鹰爪要锐利一些，才能凸显老鹰的威猛。"

　　这两笔使高少萍的老鹰一下子就变得传神、威猛起来了。那时候，高少萍的毛笔字还写不好，高少晖又在画上题了"凌云壮志"四个字，字体大气端庄，一下子拉高了画作的水准。高少萍对技高一筹的哥哥更加崇拜。在哥哥的带领和指导下，高少萍的绘画水平快速提高。

　　父母的言行是孩子成长的榜样，家人的关爱是孩子成长的温床，家庭的和谐是孩子成长的动力。可以说，高少萍遗传了家族的艺术天赋，父亲给高少萍创造了良好的艺术氛围，哥哥帮助高少萍提高了绘画的水平，母亲培养了高少萍坚持的态度，外婆激发了高少萍的艺术灵感。正是这种家庭教育，为高少萍把剪纸艺术发扬光大奠定了基础。

⊙ 上图　1976年，高少萍和哥哥的合影
⊙ 下图　1986年，高少萍（中）在春节笔会现场绘画《凌云壮志》，哥哥在一旁指点

⊙ 左图　1986年，高少萍在春节笔会现场绘画的作品《凌云壮志》

⊙ 右图　1986年，高少萍的作品《伴侣》

黄素以兴趣引领

由于父亲工作的原因，高少萍常有与艺术大师近距离接触的机会。那时候，高少萍一家居住在一个四合院里。那个院子里，有一位擅长剪纸的老艺人——黄素。

黄素，出生于漳浦旧镇，时逢清王朝摇摇欲坠、军阀混战、列强入侵的乱世。在那个年代，男孩想要正常读书尚且困难，更别提穷苦人家的女孩想要干出一番事业了。在这种背景下，黄素因为家境贫寒，没有办法上学。

虽逢乱世，人却可以做出不同的选择。黄素没上过学，但她聪慧过人，从小喜爱绘画。她没有机会得到名师指点，就在生活中留心观察、细心临摹、虚心向长辈请教，很快学会了织布、缝纫、剪纸、刺绣等多种本领。在不断努力下，黄素15岁就能剪出花、鸟、鱼、虫等多种艺术形象，是当地远近闻名的"巧姑娘"。黄素继承了闽南民间传统剪纸的表现手法，而且有自己的风格特点，她的作品贴近生活、朴实自然，创作题材广泛，民间传说、戏剧人物、奇花异草、飞禽走兽等，在她的剪刀下神形兼备，有着闽南渔乡的地方特色和浓郁的乡土气息。她的工作经历使她增长了见识，开阔了视野，创作了大量赞美劳动、歌颂社会主义新生活的现代题材作品，在各级美术展览中屡屡获奖。

高少萍放学回家时，总能看见黄素奶奶坐在门前的小凳子上，拿着剪刀剪呀剪呀。夕阳、奶奶、剪刀，组合成一幅宁静、悠闲的秋日傍晚图。

高少萍总是蹲在黄素奶奶身边看她剪纸，并不是剪纸的过程好看，而是奶奶的剪纸里有着生动、丰富的故事。黄素剪《白蛇传》时，边剪边给高少萍讲许仙和白娘子的故事。在黄素这里，高少萍听到了梁山伯与祝英台的爱情故事、金陵十二钗的故事，还有穆桂英的故事和《水浒传》。一老一少成了忘年交，就这样，在一个个故事中，她们度过了一个个岁月静好的下午。黄素奶奶讲的历史典故和民间传说让高少萍获得了最好的传统文化的滋养。

四合院的房子较老，免不了有老鼠拖家带口地寄居。有一段时间，高少萍晚上睡觉时常常被老鼠吱吱的叫声吓醒。因此，她对老鼠恨之入骨。又是一个温暖的下午，高少萍仍然坐在黄素奶奶身边看她剪纸。突然，一只红色的小猫剪纸出现在高少萍面前。"给，小猫！"奶奶笑着说，"有了小猫，老鼠就不会打扰你啦！"

高少萍惊喜地接过小猫剪纸，说道："谢谢奶奶！"她把黄奶奶送的小花猫贴到了床头上，说来也奇怪，自那以后，房间里再也看不到上蹿下跳的老鼠了。

"奶奶，自从你送了我那只小猫，老鼠都不来我家吓我了！"高少萍说。

"小老鼠不吓人，可爱得很呢！"奶奶二话不说，直接拿起剪刀剪起来。在黄奶奶神奇的剪刀下，高少萍最讨厌的小老鼠，敲锣打鼓地娶上了媳妇。

⊙ 上图　1995年国庆节，高少萍（右）探望恩师黄素（左）时留影
⊙ 下图　黄素的剪纸作品

"咯咯咯咯⋯⋯"看到这一幕，高少萍快乐地笑起来。

20世纪70年代，黄素剪了一幅作品《斗鸡》，它被福建省的一家画报社用作了封面。黄素得到了稿费——三块钱。这些稿费在当时可以用来买两只鸡，而吃鸡是一件让人很羡慕的事。这件事在漳浦很轰动，用纸鸡换活鸡，在当地传为美谈。

小小的高少萍也为黄素奶奶感到高兴，她边比画边说："我也要剪好多好多鸡，去换成好多好多活鸡！"

那些历史故事、民间传说，极大地激发了高少萍对剪纸的兴趣。那张《老鼠娶亲》更让高少萍感受到了艺术的神奇。一张一张剪纸作品在黄素的剪刀下诞生，高少萍对剪纸的兴趣在心中一点儿一点儿累积，想要学习剪纸的念头在她的心中越来越坚定。黄素看高少萍对剪纸这么痴迷，就把一辈子积攒的剪纸本事毫无保留地传授给了她，成就了下一代"神剪"。

林桃促理想萌芽

在高少萍的剪纸道路上，还有一位老艺术家，对她产生了重大影响，她就是林桃。

林桃，1903年出生于漳浦旧镇，她很小的时候，便被送给白沙村陈家当童养媳。幸运的是，她遇见了一位慈祥的婆婆。婆婆从未打骂过她。林桃9岁开始学刺绣，16岁时，别的女孩都能参加传统的剪纸手艺培训，她却因为童养媳身份没有机会参加。

中华人民共和国成立前，林桃和丈夫成亲没多久，丈夫就被抓了壮丁，从此他们再没相见，只给林桃腹中留下一个孩子。林桃生下儿子后，母子俩相依为命，但是那时候生活条件很不好，医疗条件也很差，儿子夭折了。在渔村，家中没有男丁是会被看不起的，于是林桃抱养了亲戚家的一个男孩子来养，可那个孩子也夭折了。

林桃一生坎坷，命途多舛。但她从不抱怨生活，从不抱怨社会，从不抱怨他人。她一生勇敢面对生活，一辈子为村庄做好事。渔村里，谁家需要商量大事，谁家婆媳关系不好，或者两家闹矛盾，都请她去解决问题，她极受村民的尊敬。

林桃没有机会系统学习剪纸技法，她便自学。她吸收前人的刺绣艺术造型技法，参考床花、桌花以及屋脊花等民间艺术造型，融入自己的创新，很快展露才华。林桃的剪纸作品淳朴、粗犷、奔放、简练、明朗、想象力丰富，具有浓烈的趣味和美感。她剪刀下的艺术形象有的只是寥寥数剪便形神俱在、宛若天成。她在对各种神话传说、民间风俗、飞禽走兽进行创作时，大胆取舍、夸张变形；在构图方法上，把不同空间的事物放在同一时间内进行表现，突破了焦点透视的局限性，使剪纸所表现的主题更集中，更富于典型性。

林桃虽一字不识，但她特别富有创造力，能在生活中发现有趣的素材并加以提炼，再大胆地运用各种抽象纹饰进行艺术加工，风格独特。因此，林桃被誉为"中国民间毕加索"。

每年暑假，漳浦县文化馆都会举办暑期培训班，邀请省外的

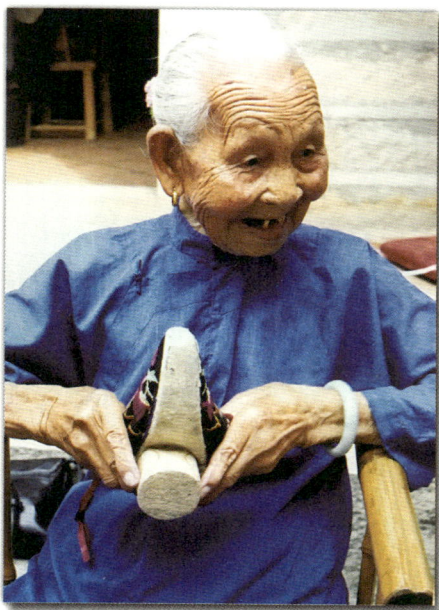

⊙ 上图　高少萍的恩师林桃
⊙ 下图　林桃的剪纸作品

一些著名的画家、书法家来教学，还会邀请各个地方的花姆们①到县城来交流培训。就是在这里，高少萍认识了林桃。

那一年，年龄尚小的高少萍跟着父亲参加活动。活动场地布置得古色古香，音响设备里播放着动听的音乐。这时，艺术家们到了，高钱厚迎上去，与老艺术家们说话。高少萍的心里想：嗬，这就是艺术家呀？跟其他的老奶奶好像也没啥区别。有两位奶奶，吸引了高少萍的注意。这两位奶奶满脸笑意，脸上的皱纹纵横交错，更显深刻，她们穿着靛蓝的棉布衣服，衣襟和袖子等地方已被洗得发白。满头银丝在脑后绾成一个小小的发髻。总之，她们是两位极其朴素的奶奶，可以看出她们的生活并不富足。与这个环境格格不入的是，她们的裤脚和鞋沾满泥土。

高钱厚跟老艺术家们聊天得知，几位老人为了节省两毛钱的车费，凌晨三四点就出发了，走了十几里路来城里参加活动。高钱厚很心疼这些老人，在午饭时请她们来家里吃饭。离开时，高钱厚自掏腰包，给每位老人买好车票，让她们乘车回去。高少萍只听父亲感叹道："这些老艺术家传承着民族艺术，但是生活却这样贫苦，我做得还不够呀！"

高少萍也很心疼这些老奶奶们，她在心里暗暗发誓："等我长大了，一定让这些老奶奶们的剪纸作品换成钱，让她们有钱花！"

林桃对剪纸的大胆探索，解放了高少萍的思想；老艺术家贫苦的生活，让高少萍产生了帮助非遗传承人的理想。在师从林桃的过程中，林桃的乐观、勇敢、坚守，也让高少萍获得了无限的

---

①花姆：福建省漳浦县对从事剪纸艺术的年长女性的尊称。

正能量。

在高少萍30多岁的时候，林桃已经很有名气，是漳浦县口耳相传的4位剪纸大师之一。时常会有县级、市级、省级的专家，甚至国外的记者想去看望或采访林桃。作为林桃的徒弟，高少萍通常会陪他们一同前往。

2005年，高少萍带着省城的记者去看望林桃。那时，林桃已经102岁了，刚进入家门，就看见林桃迈着小步，从里屋小跑出来，矫健得很。虽然生活的沧桑和命运的坎坷把她的腰压弯了，背驼得厉害，但老人特别爱干净，头上梳一个发髻，插一朵代表吉祥如意的菊花。

高少萍赞叹道："哇！奶奶，您今天好漂亮！"

"是吗？漂亮吗？"林桃笑盈盈地问。

"当然了，很精神！非常非常精神！很美！感觉很好！"高少萍继续夸赞。

林桃笑着说："你既然称赞我这么美，那我还可不可以再嫁人啊？"

"哈哈哈哈……"所有人都大笑起来。

已是102岁的老人，却这么自信、这么精神、这么幽默，所有人都感受到了老人的可爱，感受到了她那无坚不摧的精神力量，这感染了在场的所有人，那一天，大家都特别开心。

"生活以痛吻我，我却报之以歌"，这正是林桃对待坎坷与磨难的人生态度。林桃老人享年106岁，在她104岁时还在剪纸，她将一生都奉献给了剪纸艺术，已过期颐之年仍然热爱生活和剪纸。

黄素和林桃让高少萍喜欢剪纸，爱上艺术。她们孜孜不倦的创作态度，不拘一格的匠心精神和高尚的人格魅力，深深触动了高少萍，在她成长道路上不断地激励着她。高少萍从小就暗下决心，要将老艺术家们的技艺和匠心通过剪刀传承下去。

说到漳浦剪纸，人们口耳相传的大师有4位：陈金、黄素、林桃、陈匏来。她们被合称为闽南"四大神剪"。"四大神剪"又培养出了陈秋日、张峥嵘、高少萍、欧阳艳君等一大批技艺精湛的传承人。

师徒情分，至诚至真。每一代传承人，从老一辈大师那儿汲取创作的技艺、为人的品德，又结合自身的时代特色加以创新，传授给下一辈艺人。高少萍在艺术传承中，起着承上启下、继往开来的作用。

出生在艺术文化氛围浓厚的家庭，高少萍从小耳濡目染，有着得天独厚的艺术环境；外婆的舐犊情深，也造就了高少萍在艺术上积极进取的一面；父母的启蒙与教诲，黄素、林桃奶奶的言传身教，让高少萍在少年时期就创作出了许多佳作，这些佳作在国内外展出，也让她深深爱上了神奇的剪纸艺术。

第三章　显露头角

只有牵挂的人儿，

留守在故乡，

游子才愿意背负行囊；

只有近处有归宿，

志士才能全心奔赴远方；

只有行途有人递上登山杖，

才能穿过坎坷荆棘，

攀登艺术的殿堂。

初露天赋

1982年，那时候县城里没有电脑，也没有喷绘，所有的广告都靠手绘。13岁的高少萍就在家办起了一个工作坊。地方戏曲上演时需要幻灯片背景，她制作的30×30厘米的背景一片3元，40×40厘米的背景一片5元。

工作坊还有一项业务是画户外广告。高少萍成天跟在哥哥屁股后面，做助手、徒弟、免费劳动力。耳濡目染下，高少萍的绘画水平也逐渐提高。那时候户外一幅大广告有10多米长、5米高，却没有人字梯，只能桌子叠着桌子、椅子叠着椅子，高少萍也不害怕，站上去，在广告牌上画画。高少萍画广告时，过往的人总会停下来，欣赏这一道亮丽的风景线：一位穿着红衣服、扎着两条大辫子的姑娘在半空中画画。有时，还会有人夸赞道："这个女孩子真厉害，还会画画！"

15岁的高少萍作为当时漳浦县唯一一个会画户外广告的女孩子，成了广告界的风云人物，得了一个雅号"广告小姐"。因为从小就喜欢画画，加上那么多人夸她，高少萍很有成就感，所以更加热爱这份工作。

1986年，17岁的高少萍步入社会，她的第一份工作是漳浦县美术广告公司的美工兼出纳。

在美术广告公司工作期间，高少萍常接到不同场景下的广告设计。比如接到布置结婚背景的工作时，高少萍不但会剪出样式新颖的红双喜，还会利用手中的材料，改良创新，设计出许多别致的产品，受到许多新人的喜爱。

高少萍在美术广告公司工作的数十载，是她的艺术创作提升、发展的时期，工作也锻炼了她的绘画能力，她拿笔越来越稳，运笔越来越准。高少萍最大的收获是在与客户打交道的过程中，锻炼了人际交往能力，在待人接物、交流沟通等方面得到了历练。

贵人相助

高少萍的成长离不开亲友的帮助，她还特别感谢两位贵人。第一位贵人是台湾的梁先生。

漳浦县是著名的侨乡和台胞祖籍地。改革开放初期，福建就成了台商投资的首选地。台商们寻根祭祖的同时，也带动了家乡实现共同富裕。梁先生在20世纪80年代初就来到漳浦，创办了福建省漳浦台荣野营用品实业有限公司。

一天，高钱厚、高少萍和丈夫林宾开车，去给客户安装广告。结果，车辆误开到梁先生的公司。当时，梁先生正和一个交警聊天。

"广告小姐。"交警认识高少萍，喊了她一声，然后对梁先生说，"这是漳浦县非常有名气的才女，是会画画的广告小姐！"

梁先生很有兴趣，问道："你做什么广告？"

高少萍自我介绍后，二人交换了名片。大概一个星期后，高少萍接到了梁先生的电话，说公司要做广告。于是，高少萍和丈夫林宾欣然前往，了解了梁先生的需求后，做出了让梁先生满意的广告。一来二去，高少萍和梁先生一家成了好朋友。高少萍非常喜欢与梁先生夫妇俩聊天，因为可以学到许多知识，还能解放自己的思想。

有一次，聊天时说到高少萍家的工作坊。梁先生说："你们一个家庭工作坊，赚不了多少钱。你和你丈夫要走出来自己注册公司，有自己的工人，然后才能面向全社会接业务。有了更多的业务，才会有更大的发展空间。"

高少萍听得蠢蠢欲动，便详细地向梁先生咨询了开公司的各种细节。回到家后，高少萍把梁先生的想法告诉了父母。

对于要买店面的事，家里人表示担忧："女孩子那么大胆，要自己开店创业，万一亏损怎么办？买店面的钱是个天文数字，钱借了怎么还？"

高钱厚没有发言，思索许久，最后才点点头说："可以。不拼搏一次，哪能知道自己行不行呢？"

最终，家人决定支持高少萍开办工作室的想法，但是母亲说："我们出技术股，买店面你得自己想办法。"

高少萍是风风火火、说干就干的性格。梁先生为她分析了各个位置店面的优缺点，最终确定了漳浦县最繁华的地段的一个店面。但是，买下店面并装修，需要11万多元，而高少萍那时只有2万多元存款，与需要的金额相差十万八千里。于是，高少萍去找梁先生商量对策。梁先生大手一挥，大气地说："哪天交店面，我把钱送去！"

交店面那一天，梁先生果然如约到来，还带来了8万块钱。那时还没有100元的钞票，只有10元面值的钞票，一捆是1000元，梁先生装了整整一麻袋。高少萍请梁先生为工作室命名，梁先生命名为"荣浦工艺美术社"。"荣"字取自梁先生的"福建省漳浦台荣野营用品实业有限公司"，"浦"指漳浦。在梁先生的鼓励和帮助下，高少萍实现了从0到1的跨越。

几十年后，梁先生开玩笑说："丫头，我借给你的是一大笔钱，你2000块、3000块地还我，我当时懒得存，就花光了。感觉我的一大笔钱就没了！"

梁先生与高少萍相识30多年，亦师亦友。每当高少萍面临人生抉择时，梁先生总是以一个导师、长者的身份，用他丰富的阅历为高少萍提出中肯的建议。梁先生为她开阔了眼界，高少萍一辈子都记在心里。

高少萍的第二位贵人是"骗子"恩公。

2006年6月，福建美术馆要举办"纸上乾坤"全省剪纸展览。三四月份时，游光霖馆长一行人要到福建省各个地方去摸底，征集作品。那一天，游馆长带领办公室主任和展览部部长等一行4人，到漳浦来调研剪纸，甄选作品。

高少萍早就名声在外。于是4人找到了高少萍，向她征稿。高少萍和丈夫热情地接待了他们，又热情地带他们去找林桃。

母亲提醒高少萍："这些人与咱们素不相识、不请自来，会不会是骗子？不要相信天上掉馅饼，哪有这么好的事？"

知道母亲是好心，高少萍哈哈笑道："喜爱剪纸艺术的人，不会是骗子。"

后来，高少萍和游馆长经常交流，艺术上灵犀相通，彼此成为知音。当时这个"骗子"还对高少萍说："高少萍，我很看好你的作品，很有独特性，有发展空间，你再继续努力，3年后我们福建省美术馆为你举办个人作品展。"这个美丽的约定，成了高少萍剪纸道路上的重要之约。3年中，高少萍为着这个约定，剪出许多优秀的作品。2009年，福建美术馆真的为高少萍举办了个人作品展。高少萍作为民间艺人，是在省美术馆举办个人展的第一人。

在中国古代，不少文人墨客总是悲叹怀才不遇。而在新时代，只要才华横溢并做好了准备，就不怕机会从眼前溜走。高少萍便抓住了机会，将民间剪纸发扬光大。

"不称职"的妻子

在高少萍的婚姻问题上，母亲给的建议只有一句："嫁给爱你的人。"

高少萍的母亲和父亲感情甜蜜和睦。在父亲的宠爱下，母亲一生无忧，这种家庭氛围同样影响了高少萍。

年轻时，高少萍交了男友。男方个子特别高，戴着金丝眼镜，皮肤很白，有着十足的白马王子范儿，而且家庭条件优渥，在那个不算富裕的年代，给高少萍带来很多甜蜜，在高少萍心中，他们简直就是王子与公主的童话故事。

高少萍带着男友见父母。照理说，父母们见到男方有如此优秀的家庭条件和外形条件，应该非常欢喜的。可是，高少萍的父亲却直接投了反对票："你们不合适。"高少萍追着问为什么，父亲不对别人妄加评论。但是，他对女儿说他的期望是有个人能永远宠她，是一个能为她遮风挡雨的人，而不是带给她风雨的人。

由于家人的介入，高少萍懵懂着和初恋分开了。这时，高少萍后来的先生林宾迅速对她展开了追求。林宾的外形条件和初恋男友比，有所差距。朋友们得知他在追求高少萍时，也多有一些不和谐的声音。

面对林宾的殷勤追求，高少萍无动于衷。追得紧了，烦了，高少萍还嫌弃地说："全世界的男人都跑到国外去，我也不可能选你。"面对大家的嘲笑和高少萍的嫌弃，林宾并没有放弃，反而笑着说："没关系，先做朋友。"

林宾持之以恒地关心着高少萍，在高少萍的家人面前也十分努力表现，为长辈们鞍前马后、任劳任怨，特别讨高少萍家人的喜欢。路遥知马力，日久见人心，林宾四五年如一日地对待高家，让高家人都看到了他的诚心和人品。此时，林宾也终于打动了高少萍的芳心，1990年11月，二人走进了婚姻的殿堂。事实证明，林宾的心不是伪装的。30多年来，林宾依旧宠着高少萍，两人感情甜蜜和睦，比之高少萍的父母有过之而无不及。

高少萍婚后也不改好强的个性，在剪纸艺术上持续精进。随着名气的上涨，高少萍的工作也繁忙起来。林宾工作之余，还是个"家庭煮夫"。高少萍常在公共交通上连轴转，而林宾就围着工作、家务、孩子连轴转。

一日，吃过晚饭，林宾洗了碗筷，系着围裙正拖地。一抬眼看见高少萍正干净利落地坐在沙发上，手中的剪刀在纸上飞舞，他刚拖完的地板上，又散落了不少细小的纸屑。这些纸屑，用扫帚扫就会到处飞舞，很难聚拢；用拖把拖又会紧紧贴着地面，甚至要用手去撕才会掉下来。

看着这一幕，焦头烂额的林宾撑着拖把，大声抱怨："你什么都不干，只会剪纸，经常满世界出差，孩子、家务都不管！不管家务也就罢了，还净添乱！"

要是脾气不好的人，可能会摔杯子说："我一天到晚这么忙，你干点儿家务怎么了？"可从事艺术工作的女人，也懂得艺术地经营婚姻。高少萍赶紧放下剪刀，抱住丈夫，表达对他的感谢："老公，辛苦了，谢谢你！你看我的这些奖章，每一个奖章都有你一半的功劳。"

当高少萍要决定大事的时候，会郑重地跟林宾商量："老公，你觉得我该怎么做呢？"认真听取林宾的建议。当高少萍懒得动的时候，便会撒娇："孩儿他爸，我想吃苹果。"林宾吃这一套，便去削好苹果送到高少萍手上。当高少萍想要休假外出时，便叫："宾哥，我们出去走走吧！"

林宾还为高少萍的艺术创作做出了"特殊的贡献"。水仙花是漳州市的市花，于是高少萍想创作以水仙花的传说为主题

⊙ 高少萍和丈夫林宾的结婚照

的剪纸作品。水仙姑娘是一个仙女，要剪出她从天上翩然而下的姿态，就要画好仙女的神态、动作，可高少萍怎么也画不好，于是她喊道："宾哥，你摆个水仙姑娘的姿势给我找找灵感呗？"

"我一个大胖子，怎么当水仙姑娘？"林宾说，"等我去装扮一下！"

林宾进屋拿了一条高少萍的丝绸围巾，披在身上当水袖，然后说道："我多摆几个姿势啊。赶紧看，水仙姑娘下凡，过了这村就没有这店了！"林宾便在高少萍面前舞动起来。只见一个肉墩墩的男人，披着围巾舞来舞去，高少萍乐得前仰后合。儿子见爸爸这

⊙ 高少萍创作的《水仙花的传说》

样，也来了兴趣，也学着爸爸的样子舞来舞去。父子二人追来闹去
瞎折腾，高少萍在笑声中创作完了这一套《水仙花的传说》。在外
人看来，这一套作品只是艺术品，但对于高少萍来说，更是一段温
馨的家庭记忆。

高少萍一直认为爱和感谢是一定要及时说出来的，不说的话，
人家怎么会知道呢？她喜欢被赞美和鼓励，也不吝啬释放善意，表
达爱意。在生活中，这样的性格避免了很多争执和不愉快的事情。
这种家风一代一代传承下去，高少萍的儿子也是个乐天派，善良纯
朴、积极乐观，因此，家里大多时候都充满欢声笑语。

"不称职"的母亲

《庄子·外篇·天运》："忘亲易，使亲忘我难；使亲忘我易，兼忘天下难。""忘我"现在多形容人真心投入而忘掉自己。高少萍对待剪纸，也常常陷入"忘我"的状态，时而"忘夫"，有时还"忘崽"。事业上，高少萍专注于剪纸创作；生活上，却成了一个"不称职"的母亲。

高少萍的母亲林美勤是戏剧演员，在专业上勤学苦练，演技精湛，可在生活中她也是个"不称职"的母亲。在高少萍小时候，是小姨扮演着妈妈的角色，舅舅扮演着爸爸的角色。虽然有个"不称职"的母亲，高少萍却得到了更多家人的疼爱。因此，高少萍有了多彩的童年和宽松的成长环境。

林美勤经常没有时间带高少萍，当她特别想念高少萍时，就让小妹抱上高少萍去看她。

高少萍和母亲一样，对艺术十分执着，也和母亲一样"忘崽"。高少萍的儿子，是公婆和丈夫带大的，大姑子、小姑子也帮了不少忙。在儿子的童年里，有一个标准的、负责任的"奶爸"。高少萍痴迷剪纸创作，对儿子的陪伴远远不够，丈夫便又充当了母亲的角色。而高少萍在孩子的成长过程中，更像是扮演着一个姐姐的角色。

高少萍对老公的昵称是"胖子"。每当说起儿子这些事，高少萍半是内疚半是幸福地说："孩子长这么大，我从来没有给他喂过一次饭、换洗过一次尿布，都是公公婆婆和我们家胖子包办的！"高少萍的丈夫，就像一个疼她、爱她、包容她、宠她的大哥哥。在高少萍几十年的剪纸艺术生涯中，少不了丈夫的助力与喝彩。

这一家人过成了大哥哥、大姐姐和一个小弟弟的组合。为了增加高少萍陪伴孩子的时间，丈夫有时候带着儿子去高少萍的艺术馆玩。在艺术馆里，一家三口嬉戏打闹、追逐、逗乐。

在大家族的疼爱下，在家庭和谐气氛的影响下，高少萍的儿子懂事、乖巧，有爱心，也很阳光，就是成绩很一般，这一度让高少萍焦心劳思。但条条大路通罗马，高少萍给儿子选择了另一条路。儿子16岁时，高少萍和老公把儿子送去部队当兵。儿子在部队里不断成长。他继承了长辈勤奋认真的特性，在部队里竟然发挥出文学创作的特长，写了许多文章发表在《前线》《解放军》等报刊上。在部队的几年间，由于表现突出，儿子获得了"优秀士兵""优秀共产党员"等荣誉称号，还立了一次三等功。

有称职的老公，懂事的儿子，所以，高少萍虽然是个"不称职"的母亲，但她一直是一个幸福的女人。高少萍"不称职"，就是因为她把有限的时间都用在了剪纸创作上。

搞创作的艺术家在构思创作的时候，整个脑袋会一直想着这件事。一个晚上，高少萍翻来覆去就是睡不着，一直到半夜两三点。丈夫轻微的鼾声表明他睡得正踏实。

"哈哈！"突然，高少萍大笑两声，猛地从床上蹦起来。这一下，丈夫的鼾声突然停止，"啊！"一声惊吓，也坐了起来。看自己还在床上，四周都挺安静，窗外一轮明月高挂，万籁俱寂，盛世太平，林宾缓缓安抚了一下自己受惊的心。转眼却见高少萍在写字桌上一顿乱翻，拉开抽屉拿出笔，在台灯前唰唰地勾勒草图。

丈夫愣了一会儿，怒道："你干什么呢？三更半夜起来瞎折腾什么？"

高少萍用极兴奋的语气对丈夫说："我头脑里突然钻进来一幅好美的剪纸，我要把它画下来！"

"明天画不行吗？！"

高少萍应了一声："不行，一觉醒来就忘光了！对不起啊，老公你睡你的，我画我的啊！"

"魔怔！"丈夫愤愤地嘟囔一句，拉上被子盖住头睡了。

别看高少萍认错快，言外之意是："我下次还犯。"高少萍锲而不舍地"知错不改"，丈夫也妥协了，慢慢地也能理解她对于艺术的执着。高少萍外出讲学，别人会说："宾哥，你好厉害，你娶的这个老婆又漂亮又有才华！"

这时，林宾就会乐呵呵地说："我会选哪，我厉害，我火眼金睛！"很自豪的样子，把高少萍的种种"缺点"忘得一干二净。高少萍传承剪纸艺术，林宾就是她的幕后英雄，为她打理好生活中、工作上的事情。

"不称职"的妻子，却有丈夫的宠爱；"不称职"的母亲，却有家人的理解。正是在家人无私的支持下，高少萍才能"一片丹心向剪纸"，把所有的勤奋和称职都奉献给剪纸艺术，为传承漳浦的非遗文化做出巨大贡献。

第四章　创新突破

你在大姑娘的绣鞋上飞舞，
你在小儿的围兜上发芽，
你在喜庆的礼品上装点，
你在除夕冰冻的窗上开花。

你是人们吉祥美好的寄托，
你是人们生活美满的愿望；
你是福寿昌的象征，
你是真善美的信仰。

越是民族的，便越是世界的，
当你走出国门，被人喜爱，
那背后是中国的繁荣与富强。

走出国门

1999年，高少萍被选中参加欧洲七国非遗文化交流。接到通知后，高少萍乐坏了。

这天晚上，高少萍又翻来覆去睡不着。丈夫叹口气："你还睡不睡了？"

"哈哈哈……"虽然已是半夜，但高少萍依然眉飞色舞，清醒无比，"我也在努力睡，可是一闭上眼，就是去国外交流那些事！"

丈夫哭笑不得："你还没出国呢，你甚至还没出漳州，哪里来的在国外那些事？你都兴奋得几天睡不着觉啦！你是在调时差吗？"丈夫从最开始为高少萍高兴，到后面变成无奈。

高少萍跟着访团走访了欧洲7个国家，她带了许多精美的剪纸在交流会上展览。在交流会上，高少萍身边总是围着一大圈人，有人在研究制作剪纸作品的材料，有人在讨论制作剪纸作品的方法，也有人在探讨剪纸作品的构图方式。

"What is this？"一个外国人拿着剪纸，从作品的框框眼眼中看出去，一脸茫然地问。

高少萍拿着剪刀在空中边比画，边给外国人解释："这是我用剪刀剪出来的，是件艺术品，可以压在玻璃下，办公的时候赏心悦目，也可以放在桌上观赏，也可以放进镜框挂在家里。"高少萍拿出剪刀，咔嚓咔嚓剪给他们看。外国友人们看到一幅幅神奇的作品在高少萍的剪刀下诞生，个个惊叹不已，竖起大拇指，夸赞道："Oh my God！How beautiful！How wonderful！Very good！"夸赞之后，外国人讲了一些话，高少萍也听不懂，然后他们摇摇头就将手中的剪纸还给她了。

高少萍每到一个国家或地区，见过她作品的人都会对她的剪纸作品赞不绝口。因此，高少萍收获了众多粉丝。报纸上有各种各样对她的报道，以及赞美她的评论，这些是她带着剪纸走出国门收获的最贵重的礼物。展览期间，当地也有过对她的报道：这个黑眼睛、黑头发，来自东方娇美的女神，她把纸变成了神奇的艺术品。

官方对高少萍盛赞不已，甚至还有许多热情的粉丝在高少萍回国后还给她发电子邮件。但是，她曾梦想着卖出作品换回礼品送给长辈亲友，这个愿望没有实现，她一幅作品也没卖出去，全部作为礼品送了人。

高少萍不解地问翻译："他们不喜欢我的作品吗？"

翻译说："他们不是不喜欢你的作品，他们都夸赞你的手那么巧，那么厉害。但是你为什么只剪红色的？"

红色剪纸是中国人千年的传承啊！高少萍说道："红色的好，红色代表吉祥，代表喜庆，代表好运。"

"但是在欧洲，特别是德国和北欧，他们觉得红色代表血腥，代表战争。"翻译解释道。

这个解释刷新了高少萍的认知，便问道："那他们喜欢什么颜色？"

翻译说："他们喜欢黑色和蓝色。"

对外国了解甚少的高少萍顿感震惊，再一次感受到了自身文化素质的局限，这已成为自己剪纸创作的束缚。高少萍终于明白，一方水土养一方人，不同地方、不同国家，风俗不一样，喜好不一样，只有尊重对方的文化，才能收获对方的尊重。到某个地方去，你必须先了解他们的人文，了解他们的历史，了解他们的喜好，才能引起共鸣，才能让大家喜欢。在那之后，高少萍出国交流前，一定会先了解那个国家的国花是什么，国宝是什么，那个城市的特色是什么，人民有什么喜好，然后根据实际需要去创作。这样一改变，高少萍再次出国交流时，效果就截然不同了。

这次出国，高少萍收获满满，品尝到民间文化交流对增进国与国之间的感情，增进外国朋友对中国传统文化了解方面的重大意义。当好"文化使者"让她摆脱了思想上的狭隘，让她有了更开阔的视野和更敏锐的洞察力，提升了她在剪纸创作上的宏观叙事能力。

1999年，是高少萍的幸运之年。这一年，她出国交流，开阔了视野。1999年正好是全国"双学双比"活动十年成果展，由全国妇联主办，每10年才办一次。高少萍作为福建的参赛选手，圆了她幼时的梦想，来到了北京，参观了天安门，见到了许多国家领导人，为他们表演剪纸，领导们都对她赞不绝口。

1999年，不仅是高少萍的幸运之年、收获之年，更是高少萍事业之春的开启之年。站上更广阔的舞台，高少萍的剪纸事业走上了一条崭新的康庄大道。

对外窗口

高少萍的剪纸工作室从20世纪80年代就开始收徒了，以做广告为主，同时教授剪纸。如今，高少萍的很多徒弟都是国家一级技师、二级技师，多人获得过各级技能大赛的冠军、亚军等荣誉。随着社会发展，人们对剪纸作品的需求量增加，高少萍的剪纸作品受到大家的喜爱，想来参观的人越来越多，高少萍狭小的工作室已经不能满足需求。有人建议："你干脆开辟一个展示窗口吧，方便外面的人来参观。"

高少萍跟父亲商量，想要有一个比较规范的展示场所。父亲说："你如果要开一家艺术展示馆，那肯定是要么就不做，要么你就做最好的。"在布置艺术馆时，从艺术设计，到陈设作品，父亲和丈夫都尽心尽力。

高少萍这一番自发的准备，为工作室的下一次腾飞奠定了基础。2006年，福建省外事办公室要每个地方上报特色非遗项目，成为福建省对外宣传的窗口。漳州市外事办公室到各个地方摸底，层层上报，高少萍的剪纸艺术馆也在其中。

市外办主任给高少萍打电话："高少萍，告诉你个好消息，我们上次申报的那个福建省外事办公室对外宣传窗口，你的剪纸艺术馆被评上了，恭喜你、祝贺你，希望你再接再厉，多为咱们漳州争光！"

原来，省里认为高少萍剪纸艺术馆很有特色，有故事内容，而且高少萍很会介绍，很会沟通，便发正式公文，评选高少萍的剪纸艺术馆为漳州窗口，成为福建省委、省政府对外宣传的一张名片。

舞台主角

高少萍对于自己在剪纸艺术上的造诣是比较自信的；对于剪纸在艺术品类中的地位，她也从来没有过质疑。然而，现实给了她一次打击。

"高老师，我们要举办一个艺术交流活动，邀请您参加。"一次，主办方打来电话邀请高少萍参加活动。

"好的，我一定好好准备！"对于参加活动，高少萍已经习以为常。跟工作人员商讨好了诸多细节，高少萍便着手准备。按照惯例，她要按照活动主题，重新设计一幅精美的剪纸作品。

晚上，看着在桌子前忙碌的高少萍，丈夫打了个哈欠，说："你不是有很多作品吗？随便挑几幅就行了，干吗要夜以继日地剪？"

高少萍边画草稿边说："不行。以往的作品只是点缀，至少得有一幅新作进行展示。这次活动有多个类别的艺术家要参展，我又可以认识好多艺术家！说不定他们能进一步打开我的创作思路！"

活动当天，高少萍早早地起来梳洗打扮。来到活动现场，高少萍将自己的展台布置好，期待和其他艺术家进行交流。

活动现场，国画和书法已经占据了大部分位置，高少萍的剪纸展台"偏安一隅"。高少萍内心掠过一丝复杂的情绪，她意识到自己是剪纸艺术中的C位，但剪纸却不是艺术中的C位。她很快就自我安慰起来，心里想着，"我的使命是剪纸艺术的传承和发扬，我只管努力，主角、配角无所谓。"

的确，以往参加的不少主题活动，高少萍常常被请去做配角。一是表示政府对非遗剪纸的重视，二是让人们顺便了解剪纸艺术，增加活动的可观赏性。

这次活动中，主办方将国画和书法推到C位，大力推崇画家和书法大家。观众的目光自然被吸引到了书画面前。领导来参观时，工作人员陪同领导，直接略过了剪纸来到书画展台处，与书画大家谈笑风生。高少萍在一旁剪纸，虽然也有观众欣赏，但是看着那边锣鼓喧天，这边门可罗雀，高少萍越剪越心酸，她对主办方说，这是艺术展，不是单纯的书画展，为何如此冷落剪纸！

活动圆满结束，而高少萍却没有往常活动结束时的成就感，反而有一丝疲惫，因为剪纸艺术自始至终都没有被重视。

虽然说作为非遗传承人，不应该如此重视名利，可是名利也是推动传承的动力。高少萍流泪了，她伤心的是尽管自己付出了那么多的努力，民间剪纸还是免不了不受重视。高少萍心里十分委屈，忍不住发信息给儿子抱怨，儿子很快回了一句话："人民艺术为人民。"

从古至今，只见帝王将相、文人墨客收藏绘画、书法，谁收藏过剪纸？就像水仙，虽然福建手工艺人将水仙雕刻技术做到了精致绝美的地步，但仍然比不过牡丹国色天香。不被重视的次数多了，高少萍也会安慰自己，一切都有可能，三十年河东三十年河西。如今民间剪纸虽然还只是艺术中的一个小类，不被重视，可是通过她这一代、下一代，或更多代的努力，不断创新，不断提升，剪纸艺术总有一天会与国画、书法一样走到大众面前。

民间艺术要发展，付出的人只能心态平和，面对"不公正"的待遇，高少萍只能努力，想着如何把剪纸发扬光大，让它从民间到庙堂，从独自开花到让大家都来观赏、喝彩。抱着这样的梦想和追求，高少萍开始思考如何让剪纸获得更多人的关注，她首先想到了河北蔚县。

直到现在，在全国大部分地方，剪纸作品都只是怡情、把玩的小物件，距离市场化还有很长的路要走，但河北蔚县的剪纸产业链做得比较完善。高少萍专门去了一趟河北蔚县，了解那里的剪纸产业。

高少萍了解到，蔚县的剪纸及剪纸相关产业年产值已达4亿元。因为他们的规模大，有11个剪纸工坊；从事剪纸行业的人数多，有1000余名剪纸人才；产量大，全县年产剪纸600多万套。而且外国人现在越发喜爱中国文化，圣诞节也会贴一些红彤彤的剪纸作品，蔚县的剪纸产品远销100多个国家和地区。

可是，这样的情况很少，剪纸行业里大多数人依然无法给自己的产品找到市场。同时，高少萍也看到了，蔚县剪纸逐渐由过去作坊式的生产方式变为规模化、产业化的生产方式。"画—问—浸—刻—染—包"一套流程，全是流水线操作。

仅靠高少萍一人，漳浦剪纸是不可能实现产业化的。高少萍便思考，如何让剪纸作为主角登上舞台。贴近时代的同时，又不丢掉艺术家的审美、智慧和情感。

自从2000年有了艺术馆后，高少萍就经常接待省内的、全国的，甚至国外的参观者。高少萍与形形色色的人交流，她又比较活泼，讲起作品时，就像讲起自己家的孩子一样，创作背景、创作灵感、创作过程、文化意义等，会讲得很详细，眉飞色舞的。

一日，高少萍正向参观者介绍剪纸作品《两岸一家亲》："漳浦是著名的侨乡和台胞祖籍地，因此从20世纪80年代初，就有很多台湾商人回到漳浦投资家乡。我创作的这幅作品《两岸一家亲》，灵感来源于一首歌。"说罢，高少萍便唱起来，"一个大门分两扇，进进出出一家人。一道海峡连两岸，世世代代一条根。无论家里无论家外，血浓于水情意深，无论此岸无论彼岸，同宗同祖中华魂。"这样生动的介绍让高少萍得到了观众的赞美和掌声。

一位朋友说："你用歌曲、舞蹈结合剪纸，边剪边唱边表演，一定很有创意，要不然你尝试一下？"

高少萍把这个想法告诉了母亲。林美勤表示支持："没想到我几十年的舞台生涯还能在你身上派上用场，我这就教给你！"在母亲的指导下，高少萍将舞蹈动作融入剪纸，很快掌握了边剪边唱边表演的要领。

高少萍是实干派，她要把剪纸带到舞台上，于是开始构思方案。她的想法得到了家人的支持。很快，高少萍的演出团队成立了。团队以剪纸为主角，舞蹈、音乐作为配角，同台配合，相得益彰。

创作一幅剪纸，快的剪半天，慢的剪一个星期甚至几个月。

观众没有那么多时间看你耐心剪，高少萍便创新了3分钟舞台表演剪纸，3分钟里有舞蹈、有唱歌、有剪纸，3分钟之后就把这个剪纸作品展现出来，观众们都惊呼："哇，剪纸太神奇了！"

多年以来，高少萍的剪纸表演团队一直与时俱进，越来越成熟，形成了20余人的艺术团队。高少萍不仅带着团队参加各种比赛赢得奖项，还力所能及地带着尽可能多的人出现在每一个活动现场。有时主办方为了节约成本，往往只邀请高少萍一人，高少萍就会说："团队一起更好，第一比较震撼，第二比较热闹，团队演出效果好。"就这样，高少萍把整个团队，包括福建省的剪纸同行推到聚光灯下，推到了舞台中央，让剪纸成为主角。

高少萍用这种活泼的方式，让更多的人知道剪纸，喜爱剪纸，发扬了剪纸文化。最重要的是，让剪纸手艺人获得了报酬，生活有了保障，能够更好地传承剪纸。剪纸的地位，现在已经有了很大的提升，但高少萍想要的更多。她相信，民间剪纸未来也会有更加辉煌的岁月，她和剪纸艺术如同一枝并蒂生长的花，向着光辉灿烂处恣意盛开。

全国大奖

2004年，为了纪念邓小平同志诞辰100周年，各省市文化艺术界掀起了以文化艺术致敬伟人的活动，各种诗集、地方歌曲、绘画等作品如雨后春笋般涌现。漳州市也不例外，决定开展全国

⊙《世纪伟人颂》创作前得到了父亲的指点

剪纸大赛。

　　组委会非常重视这次大赛，委托每个省（自治区、直辖市）政府从专家库中选一名美术专家当评委。全国各地的美术工作者和剪纸大师都来参赛。组委会宣布如果获得最高奖——特等奖，就授予"中国剪坛十把金剪刀"荣誉称号。

　　接到比赛的通知，高少萍就开始在心里盘算：全国会有几千人的上万幅作品参赛，才选出十名"金剪刀"，我要是得到了，就证明漳浦剪纸真的很厉害！高少萍决定参赛。高少萍又开启了万事不关己的状态，林宾知道高少萍又要"魔怔"了。经过这么多年，林宾早就对高少萍的"间歇性魔怔"有了充分的了解与理解，全力支持高少萍在艺术道路上狂奔。

　　一张纸那么小，方寸之间如何展现邓小平同志的丰功伟绩？他做了那么多事情，一张纸哪能说得清楚？怎么来表现主题呢？高少萍非常用心地去创作，画了好多好多草稿，拿给父亲看，父亲都摇摇头说不理想。高少萍绞尽脑汁也想不出如何出奇制胜。这时候，高少萍再一次感受到知识的重要性——艺术水平的提高离不开文化的积淀。为了打开自己的创作思路，高少萍开始查阅相关资料。图书馆和书店成了高少萍常去的地方，通过大量阅读，邓小平同志的形象在她脑海里有了轮廓。

　　一天，高少萍正在家里冥思苦想，心情郁闷的时候，一位朋友来喝茶。朋友问她最近在忙什么，高少萍说出了自己的难题，朋友说："你不要老是钻牛角尖，你要触类旁通，从其他画面进入，去想想看。"

　　"好吧，那我再去找找灵感。"高少萍就在那天下午出门散步，走着走着走回了艺术馆。

　　高少萍的艺术馆是在一条很繁华的街道上。街道边有很多服装店，常常会播放音乐，突然，一阵音乐传来，惊得高少萍浑身起鸡皮疙瘩。"一九七九年，那是一个春天，有一位老人在中国的南海边画了一个圈。神话般地崛起座座城，奇迹般地聚起座座金山……"街上响起《春天的故事》，熟悉的旋律灌入高少萍的耳朵，醍醐灌顶般打开了她封印已久的创作才思。

　　高少萍心想：天哪！这不就是我要表现的那个画面嘛！高少萍小跑回家，一路上，邓小平同志的光辉形象在高少萍的脑海里清晰起来。"改革开放总设计师""丰功伟绩""富裕起来"等主题在高少萍头脑里回旋，"高楼""航天""雪山""仙鹤"等形象在她眼前浮现，"布局""形态""线条"等构图在她心里有了轮廓。根据这首歌的歌词，高少萍设计了画面，又画了小平同志的头像，然后把设计图拿给父亲看。

　　父亲看了她的设计，神情舒展，微微点头："这个构思好，很大气，又能突出主题！"见父亲很满意，高少萍也非常兴奋，仿佛胜利就在眼前。不料父亲又说："但是，头像画得不像。"

　　攻克了构思难题，高少萍又遇到了技术难题。剪纸要表现人物头像，这一步是最难的。漳浦剪纸的特色是"线线相连线线断"，以阳剪为主，阴剪为辅。阳剪就是把线条留住，剪掉大部分版面；阴剪就是剪掉线条，大部分的红纸留在版面上。剪人物的话，眼睛要连着，鼻子要连着，嘴巴要连着，看起来就有点儿像卡通图片，或者像北方贴窗花的那种门帘一样，每一条线都粘住了，一点儿也不生动。而伟人的形象，刻在了每个人的心中，所以少一条线不像，多一条线也不像。因此，伟人头像要如何创新呢？高少萍百思不得其解。

高少萍只好请教父亲。高钱厚说："艺术是相通的，你可以借鉴姐妹艺术。比如漫画的夸张，工笔的细腻，木刻的粗犷凝重，你都可以借鉴。"高少萍茅塞顿开："我上中学时不是用手术刀刻过纸吗？再融入非遗版画的木刻特色，不就解决问题了吗？"

找到思路的高少萍心跳加速，喜笑颜开，急忙行动起来，查找版画相关资料，学习相关技巧。高少萍很快掌握了斜锋、平锋、V型、U型等刻刀的运用，学会了写实刀法、表现性刀法、线性刀法等技巧。

高少萍创新地开发了"刀剪结合"的剪纸技法，剪刻出一幅长1.1米、宽0.88米的《世纪伟人颂》，大获成功。作品旨在缅怀一代伟人邓小平光辉的一生，展现改革开放以来我国社会主义建设取得的辉煌成就。整幅剪纸作品构图丰满匀称、剪工精细入微，富有艺术美感。2004年，高少萍因此获得了"中国剪坛十把金剪刀"的荣誉称号。

香港献艺

初春时节，素有"东方明珠"美誉的香港阳光明媚，紫荆花盛开。2007年2月上旬，漳州的"凌波仙子"翩然而至，拉开了"香港·漳州水仙艺术迎春展"的序幕。

水仙花是漳州市的市花，也是福建省的省花，素有"凌波仙子"的美称。漳州栽培水仙花已有500多年的历史，曾经在新加坡等国家和我国的香港、澳门、台湾等地区多次举办水仙花雕艺大展。双龙戏珠、金猪招财、花乡即景……精湛的雕刻技艺和神奇的水仙花引起当地各界人士、新闻媒体和海内外宾客的广泛关注，产生良好的反响。

漳州传承的非遗文化有很多，虽然此次活动水仙花是主角，但为了给水仙艺术展壮声势，漳州市政府还派出了剪纸和木偶雕刻两个项目的非遗传承人一同前往。高少萍和徐竹初作为漳州市政府代表团成员之一，参加了"香港·漳州水仙艺术迎春展"活动，历时一个星期。

高少萍在香港为观众献艺，跟在欧洲七国有完全不同的体验。有不少香港人的祖籍是两广、福建等地。因此，高少萍的剪纸艺术在香港观众心中引起了强烈共鸣。在港期间，高少萍共进行了6场剪纸表演，每场约有观众1500人。不少香港市民看得如痴如醉，对高少萍的剪纸技艺赞不绝口。

高少萍现场创作了100多幅剪纸作品，都作为纪念品发给了当地的观众。与欧洲七国的零销售纪录不一样，高少萍随身带去的1000多幅剪纸作品，在展销中十分抢手。

"我要一套《十二生肖》，这太有纪念意义了！"

"《金猪迎春》，喜庆！我要这个！"

"这《花鸟》剪得多形象！"

"大师，给我签个名呗！"

"大师，合个影吧！"

…………

香港观众盛情难却，高少萍不得不边剪纸边给观众签名，边

⊙ 2016年，高少萍（中）赴新加坡参加文化交流

合照边介绍剪纸艺术。香港之行，高少萍大获成功，她在心里暗暗告诉自己，今后更要好好学习，更努力一点，为社会做更多的事情。

高少萍的成功，源于她多年来坚守剪纸这项传统文化艺术，不断钻研，将剪纸的根深深地扎进中国传统文化的土壤汲取养分，将剪纸的枝叶不断向上、向外延伸，吸收时代的阳光雨露，赋予其焕然一新的形式和主题。剪纸在高少萍手中搭上时代的列车，驶向祖国大江南北，驶向世界。

第五章 传承艺术

镂金作胜，更胜一支画笔，

把那唐诗宋词，都剪进了画里，

把那民风信仰，都剪进了画里，

剪艺为人，更胜一支画笔，

把那千年历史，都剪进了画里，

把那大美江山，都剪进了画里，

镂金作胜，更胜宝剑青萍，

流动剪痕，恰比赤兔千里，

剪纸让时代成为艺术，

时代让剪纸焕发生机。

成为传承人

"高少萍，你被评选为福建省剪纸非遗传承人了，恭喜你！"2008年，高少萍有了新的身份——剪纸非遗传承人。

非遗传承人每5年评选一次。高少萍一直剪纸不辍，积极参与各种比赛，拿到许多大奖，因此，在2008年时，福建省给予她正式的身份。成为非遗传承人后，高少萍继续履行着自己的职责，戴着各种奖章自豪而自信地进入学校、社区、部队宣讲，和大家分享自己的人生与剪纸艺术，鼓励他们做好本职工作，也吸引了更多的剪纸爱好者体验传统艺术。

2006年，高少萍和游光霖馆长有一个美丽的约定。这3年来，高少萍一直在传承剪纸的道路上砥砺前行，收获大奖无数，成为非遗传承人，让自己拥有了耀眼的资历。2009年，游光霖馆长践行诺言，邀请高少萍在福建省美术馆举办剪纸个人展。

这天，高少萍正与主办方工作人员商讨展览的诸多细节，主要工作聊得差不多了，二人闲聊起题外话。工作人员笑道："高老师，你知道吗？我们向厦门市文联申请办展的时候，听说办的是民间剪纸展，大家都充满期待呢！"

高少萍心想：大家对民间剪纸充满期待，是多数人都觉得民间剪纸少有宏大叙事之作。高少萍"神剪"之名是踏踏实实剪出来的，而不是捡来的，为了给民间剪纸正名，高少萍打定主意，一定挑选最好的作品，一开场就要惊艳四座。

"我尽力。争取成功在厦门美术馆举办个展！"高少萍满怀信心。

一切准备就绪，开幕式那天，美术馆外装饰得喜气洋洋。厦门市文联副主席也一大早赶来。要看看这个让厦门美术馆举办民间艺术个展的人到底是"何方神圣"。

观展的人们在作品前停留的时间越来越长；原本背在身后的双手换成了在身前交握；表情也由最初的满不在乎变得凝重起来。剪纸作品面积大，线条繁复，层次井然，结构合理，内容丰富，主题新颖，寓意深刻，剪痕飘逸，刻痕有序……这不是传统剪纸的顶尖水平，而是超越传统剪纸的创新艺术！

文联领导跟身边人赞叹道："这位老师不得了，这位老师了不得！"

当天晚宴，艺术家们、主办方与文联领导们欢聚一堂。文联领导来到高少萍身边："高大师，你能把剪纸做到这种地步，背后是对剪纸的热爱与付出，文艺界缺少你这样的人才呀！你是剪纸界翘楚，在传承非遗上功勋卓著啊！"

高少萍是在省美术馆举办个人民间剪纸作品展的第一人。时至今日，高少萍已在福建省美术馆、厦门美术馆、江苏常熟美术馆、内蒙古美术馆、陕西省美术博物馆、大连中山美术馆、江苏九华美术馆以及台湾、香港、澳门，甚至国外的墨尔本等地的美术馆、博物馆、艺术馆举办过个人剪纸艺术展，很多地方都收藏了高少萍的剪纸作品。

做好传承人

"老师，怎么剪孔雀的尾巴呀？"

"老师，这个是怎么剪出来的？"

"老师，你看我剪的！"

这是在北京市第九十四中学教室里发生的一幕。是的，高少萍从福建到北京，把剪纸艺术带进了北京的校园。孩子们沉浸在剪纸艺术中，兴奋不已。对孩子而言，这是有趣的童年；对高少萍来说，这是非遗传承人的责任；而对于整个中华民族来说，这是文化的传承。

传承与保护非物质文化遗产，就是传承我国民间文化的根。高少萍作为剪纸艺术传承人，初衷只是喜爱剪纸，而非遗传承对中华民族传承的重大意义，是她在中央美院培训学习时领悟到的。那时，高少萍对自己的事业有了更深刻的认识，心中有了更大的荣誉感，肩上有了更重的担子。

2015年下半年，原国家文化部让全国各个地方推荐一名非遗传承人去中央美院参加为期半年的学习。福建省推荐了高少萍。

高少萍所在班级的班主任是著名艺术家乔晓光教授。在教学中，他注重让传承人们将理论与实践相结合。乔晓光教授告诉学生们："你们来自全国各地，一个省只有一个名额，足见你们都是优秀的传承人。你们每个人都有自己的特长，每个人都有自己的优点。我们聚在一起，分享各个地方的特色，并且寻找共同点以及值得借鉴的地方。我想，借这个机会，你们到各所学校去分享，去教学。星星之火，可以燎原。让古老的艺术走进首都的各个中小学。"

在学校的安排下，传承人们走进北京市各个中小学，在学生的心中播下剪纸艺术的种子。高少萍是一个很有责任心的人，觉得既然来到这里了，就不能浪费机会和时间。高少萍除了积极到中央美院安排的学校去传授剪纸，还会到其他的大中小学毛遂自荐，为学生们义务教学和做讲座。

高少萍在中央美术学院和中国劳动关系学院学习期间，把漳浦的艺术带到了北京，并且使其在北京遍地开花。那段时间，她主动邀请和带领工作室的学员，先后到北京市第九十四中学、望京南湖东园小学、首都师范大学附属中学、府学胡同小学、北京亦庄实验中学、甘家口青少年活动中心、北京市海淀区实验小学、中国人民大学、中央社会主义学院、清华大学、北京大学、北京市消防救援总队、天安门国旗护卫队等地教授剪纸互动课。

剪纸工作室承担着非遗保护、活态传承的重任。高少萍在传统上求创新，在创新上求发展，一直默默坚守着这块阵地，并充分利用这个平台，认真履行传承人的义务和职责。在福建，高少萍每年都会参加针对中小学生的"非遗进校园"教学活动，她在全国各地许多学校都留下了足迹，撰写了上万字图文并茂的教材。

高少萍还倾心培养下一代传承人，就像黄素奶奶和林桃奶奶培养她一般，高少萍培养出了一批剪纸新秀：魏琴（一级技师）、黄丽蓉（一级技师）、王志峰（一级技师）、叶凯原（二级技师）、

⊙ 上图　2018年5月20日，高少萍应邀在府学胡同小学传授剪纸技艺

⊙ 下图　2021年12月17日，高少萍为学生传授剪纸技艺

黄丽茹（二级技师）、陈敏容（二级技师）、陈燕丝（二级技能）、黄孝敏（"福建省金牌工人"）、陈锦妹（四级技师）、张淑秀（四级技师）和张淑荣（四级技师）。尤其有一个艺名叫"以乐"的徒弟在厦门很有名气，他的剪纸作品获得了很多大奖。

看着年轻一代脱颖而出，青出于蓝而胜于蓝，高少萍倍感欣慰。

"高老师，我的作品获奖了！"

每当徒弟打电话给她报喜，高少萍比他们还高兴。因为这是她培养出来的佼佼者，也正是他们，让漳浦民间剪纸艺术后继有人，并始终保持着蓬勃发展的态势。也因这些成就，高少萍的剪纸工作室被评为"福建省示范性劳模工作室"。

上海大学、上海城建职业学院、海原县职业技术学校、大同煤炭职业技术学院、中共中卫市委党校、丰台区总工会等也邀请高少萍做讲座。古代侠客是剑不离身，高少萍是剪纸艺术的侠客，剪刀不离身。她早就养成了随身带着剪刀的习惯：走到哪儿，剪到哪儿；演到哪儿，教到哪儿。为了宣传和传承这一文化遗产，高少萍不遗余力，也得到了广大群众的喜爱和赞扬。

随着时代日新月异，科技突飞猛进，一些非遗所代表的传统生活方式已经消失。随着电脑技术的成熟，过去刺绣做鞋所需要的花样、鞋样退出了历史舞台，但是，剪纸这一传统的元素没有丢失，也不能丢失，在传承人的剪刀下，它已焕发出新时代的风采与旺盛的生命力。

剪纸助力外交

2015年10月24日，不丹国使团代表来中国访问。漳州，是不丹使团在中国的最后一站。外交部通知福建省委和漳州市委接待不丹使团。漳州市委领导经过商议，定下一个基调：办一场文化艺术盛宴，在轻松的氛围中，欢送不丹使团。福建省委也很支持漳州市委的做法。

选什么艺术，选什么人最合适呢？福建是艺术大省，有木版年画、晋江布袋木偶戏、歌仔戏、漳浦剪纸等多个项目入选非物质文化遗产名录。经过慎重思考，主办方选择了能歌善舞的"金剪刀"——高少萍。

"参加不丹使团的宴会？我一个平民百姓，哪能参与外交活动啊！"刚接到电话时，高少萍难以置信。主办方工作人员解释了此次活动的重大意义。高少萍由难以置信变成了不自信："这么大的责任，我哪里承担得起！"

"高老师只要为宴会营造一个愉悦的氛围即可！我们尽好地主之谊，也是一种成功！"

高少萍接下了任务。此时的她与省委、市委领导们有着同样的感受，既有巨大的压力感，也有重大的责任感。"我的任务就是把剪纸艺术的美发挥到极致！"高少萍给自己找好定位，静下浮躁的心。

什么主题最能体现中国的文化？什么技巧最能表现这个方式？什么艺术才能让不丹使团感受到文化之美呢？高少萍认真思索后，定下主题，接着着手练习。

宴会当天，不丹使团在工作人员的带领下，欣赏了漳州市委呈现的传统艺术。一阵优美的音乐渐渐响起，古筝明亮清脆，扬琴刚柔并济。

"我有个心愿，一个心愿，用小小的剪刀，剪出心中的梦。剪呀剪呀剪，剪个饭勺花，剪个大猪花，剪个烛台花，梦在心中颤抖，心在梦中相逢，期盼梦里姹紫嫣红。啊，剪梦；啊，剪梦。剪个梦送春风，剪只鹤给劲松，剪张寿字献长空，剪只龙飞凤舞映天红。"（周健军作词，蔡艺榕作曲，张峥嵘原唱）

《剪梦》一出，旋律悠扬，音律绕梁，不丹使团为之倾倒。高少萍穿着一袭玫红色唐装，端庄典雅，光彩照人。徐徐莲步，犹如清风吹拂下的柳条，灿灿兮巧笑嫣然，摇摇兮身姿绰约。高少萍右手持金剪，左手拈红绸。林籁泉韵从齿间流出，丝竹旋律烘云托月。高少萍翩翩起舞，鸾回凤翥。舞随乐动，手随舞动，剪随手动，飞龙走凤，高少萍用3分钟的时间剪出一幅3米长的丝绸剪纸作品《吉祥如意图》。空灵的音乐、悠扬的唱腔、典雅的舞姿、精美的丝绸剪纸，令不丹国的外宾叹为观止。

"尊敬的先生，中国有句古话，有朋自远方来，不亦乐乎？这条吉祥如意丝绸围巾就送给您，您是我们的邻居，也是我们最尊贵的客人。"高少萍说。

使团团长惊喜地接过这条"吉祥如意"围巾，激动地说："我能得到这样珍贵的艺术作品太幸运了！我感受到中国传统文化是那么美丽！"

　　高少萍并没有沉浸在表演成功的喜悦之中，而是在思考，怎样让不丹使团为中国文化的魅力折服。她明显地感受到不丹使团团长是喜欢艺术的。宴会之后，大家又去品茶，高少萍对外交部领导说："领导，时间还很充足，我可不可以为贵宾唱一首闽南语歌曲？"

　　领导说："可以！你想唱想跳，只要能体现中国文化，我都支持你。"

　　"一时失志不免怨叹，一时落魄不免胆寒……"风靡大江南北的《爱拼才会赢》犹如天籁，使团的外宾们也跟着大家一起为高少萍打节拍。

　　唱完后，大家赞不绝口，外交部领导卖力地鼓掌："好！我也是漳州人，自从年轻时考上大学之后就留京工作了，今天听到闽南语歌曲，感觉太亲切了！"

　　高少萍对大家的鼓励表达了感谢，问道："在北京，各位都是听国粹京剧，大家有没有听过闽南戏曲呢？"

　　"没有。"大家摇摇头。

　　高少萍道："芗剧，也叫歌仔戏。我母亲是二十世纪七八十年代著名的芗剧艺术家，所以，我也学到一些皮毛。我就为大家表演一段《梁山伯与祝英台》。"刚说完，大家便热烈鼓起掌来。

　　一曲唱完，掌声雷动，不丹使团的外宾们啧啧称赞，频频点头，欣赏之情溢于言表。高少萍向不丹使团介绍剧情，并称这是中国版的"罗密欧与朱丽叶"的故事。接着，高少萍拿出8幅精美的剪纸作品，赠送给不丹使团所有成员，并向使团成员介绍每幅剪纸的内容和意义。

　　语言是有国界的，但是艺术没有国界。尽管不丹使团听不懂戏曲的具体内容，可是他们却从高少萍舞蹈的姿势、眼神和身段中感受到了艺术的美，感受到了中华优秀传统文化的魅力，感受到了中国人民的真诚——以邻为伴，与邻为善。

艺术表演结束后，不丹使团团长说："通过剪纸艺术大师的表演和礼物，我更深、更具体地认识到中国人心灵美、文化美、艺术美……"

高少萍致力于漳浦剪纸的发掘、抢救、传承和发展，多次应邀赴欧美、东南亚等国家和地区进行剪纸艺术文化交流，以"剪纸外交"促进中外沟通。艺术有着令人意想不到的力量，高少萍以工匠精神，将剪纸这种传统的民族艺术发展为一门人类共通的艺术。是什么造就了一个剪纸艺术的"工匠"？这里面有着高少萍过人的天资，但更多的是家族的艺术传承，前辈的言传身教，时代的鼎力支持，自身的创新钻研。

为手艺人代言

剪纸艺术给高少萍带来了声名与荣誉。高少萍成为第十二届福建省人大代表，又成为第十三届福建省人大代表。在履行非遗传承人职责的同时，高少萍又履行着人大代表的职责。她始终不忘的还有那些传承艺术而又贫困的手工艺人们。

福建省是工艺美术大省，漳州市又是工艺美术大市，有漳州刺绣、漳浦剪纸、木版年画、棉花画、珠绣等非物质文化遗产，因此非遗传承人也很多。但是，不是每个传承人都有丰厚的家底，不是每个传承人都有不愁吃穿的家庭，不是每个传承人都能声名在外，都能将艺术变现。大部分传承人多年来默默传承着传统艺术，却没有得到足够的关注和物质回报。

高少萍有位相识很久的朋友——漳绣传承人郑密珠。曾经，漳州刺绣培训班有60多人，到最后，只剩下郑密珠一人。一件刺绣作品，要绣一个月，甚至几个月，却只能卖两三千元。郑密珠的丈夫也不理解她："你守着那个破刺绣，绣几个月，绣完之后还卖不出去。你还不如出去打工，一个月还能赚两三千块钱！"

有一次，高少萍给郑密珠打电话，问："妹妹，你近段时间好吗？"

"哎，高姐姐，我一言难尽啊。"郑密珠叹道。

年龄越大，对生活的体验越深刻，对手工艺人的生活境况有了更多了解，她常常想起童年那些为了省车费而半夜赶路来县城参加交流会的花姆们。以前，花姆们为了省两毛钱的车费步行来城里；现在，郑密珠为了坚守非遗文化，过得十分穷困，这让高少萍无比心疼。高少萍想起了小时候的誓言，要让手艺人生活有保障。

2014年，当相关领导到漳州调研时，高少萍提议提高非遗传承人的生活保障。

上级领导特别重视，马上现场办公，与县长一同分配工作，要解决非遗传承人的生活保障问题。现在，福建的省级非遗传承人由原来每一年3000元的生活补助提升为6000元，获得其他荣誉称号和比赛名次还会有额外的补贴。

高少萍和朋友聚会时，朋友们总是一口一个"劳模"地叫她。

"你不仅数十年如一日地坚守在自己的岗位上，还时常关心其他非遗传承人，你这个劳模真是名副其实啊！"朋友笑着说。

高少萍认真地说："劳模不是一门心思埋头苦干，敬业是基本的职业道德，更高的眼光和格局、更多的创新和引领能力才是新时代劳模更为丰富的内涵。"

朋友们赞赏地点点头，大家都知道，高少萍是不会辜负这句话的。

第六章　殊勋茂绩

金色的齿轮，

在滚滚洪流中，推动一个时代前进。

五彩的祥云，

映照劳模的风采。

金黄的麦穗，

是农人们生活一年的守望。

红色，是中国；金色，是荣耀。

齿轮，是行业光辉的旗帜，

稻穗，是劳动者累累的硕果。

你用奉献一生的态度，

将微小的事情做得光荣而伟大，

将平凡的事业做到极致而崇高。

喜获奖章

高少萍自小就对剪纸产生了兴趣，就把它当作一生的事业。以剪纸为职业不仅让自己名满天下，也让这一项非遗文化得以传承，这是自我价值与社会价值的统一。

2016年，漳州市总工会的一位朋友打电话给高少萍，没头没尾地来一句："高老师，祝贺你！"

"我这啥事没有，祝贺我啥呀？"高少萍边剪纸边乐呵呵地答道。

"你获得了全国五一劳动奖章，全国人民都知道了，你要去北京领奖了！"朋友说。

听到这个惊天的喜讯，高少萍难以置信地问："真的吗？我够格吗？"

朋友说："真的，不骗你。领导说了，虽然剪纸目前还是一个艺术小类，但它生命力旺盛，同时也是漳州的一张名片。十几年前，你的剪纸艺术馆就被福建省委、省政府命为一个对外的窗口了，你还促成了'剪纸外交'。这荣誉不给你给谁？"

最初的剪纸，是妇女为刺绣、做鞋、做衣服描的花样子，后来成为一门艺术独立出来。因此，最早的剪纸只有手掌那么大，只限于花鸟鱼虫、民间传说等类型的图案。传承到了高少萍手里，她凭着"四大创新，一大突破"，成了当之无愧的剪纸非遗传承人。

创新之一：大幅作品的创新。1999年上海桂花节，有一个全国的剪纸展。高少萍也想去参加。高钱厚说："你去参加也可以。我去参观过这种剪纸展，那些作品都很小，如果你要参加就要与众不同，要不你试着创作大作品？"于是，在展览上，高少萍展出了长1.5米、宽0.8米的《九龙戏珠》和《松风鹤舞》。这两幅作品轰动了整个剪纸界，作品被组委会隆重收藏。经过她这一剪，艺术家们也开始琢磨大型剪纸。"大型"便意味着内容更加繁复，要重新构思线条、结构与布局，更考验艺术家们的综合能力。后来，高少萍的作品《清明上河图》大到长12米，宽1米。中央电视台新闻频道就隆重报道过这项剪纸界的创新成就。

创新之二：刀、剪结合技法的创新。当初，为了兼顾笔直线条的流畅性，高少萍创新地用上了刻刀。如今，刀、剪结合的技法，被剪纸艺术家们广泛运用。剪刀和刻刀各有利弊，剪刀剪出来的作品，纹样每个都有区别，整体比较飘逸、自然，但是抠剪容易出错。而刻刀能达到剪刀达不到的细致程度，整体比较规律，看起来有种韵律美，但纹样重复率高，有一种数学图形堆砌的感觉。但二者结合，可以对细节进行进一步刻画，从而保证剪纸的质量。以前的剪纸作品都是纯剪刀剪的，现在结合刻刀，不但能提升现代题材的流畅度，还可以将创作整幅作品的效率提高2～3倍。

创新之三：时代主题创新。中国的传统艺术、民俗，总是寄托着人民的美好愿望。因此，跟绘画相关的艺术，像年画、版

⊙ 上图　2019年10月30日，高少萍在咸宁参加宣讲活动
⊙ 下图　2020年，高少萍应北京邮电大学经济管理学院邀请举办讲座

画、剪纸，其内容大多是花鸟鱼虫、民间传说等传统主题。高少萍深知，如果剪纸不能跳出传统主题，就无法在现代社会焕发生命力。于是，高少萍这一代非遗传承人与时俱进，紧跟时代的步伐，把祖国发生的一些美好的变化，都用手中的作品展现出来，歌颂我们伟大的新时代。

一是高少萍所受的教育及其成长环境培育了她高尚的爱国主义的价值观。高少萍曾在中央电视台看到了主题为"鬼谷子下山"的青花瓷，拍出了几亿的天价。高少萍很震惊，后来才了解到，青花瓷是中国特有的瑰宝。高少萍想：如果我用剪纸的形式把它剪出来，让更多的人了解我国的瑰宝青花瓷，了解我们的国宝，讲好中国故事，传播中国声音，这也使我尽了非遗传承人的职责。

二是高少萍有意识地改良剪纸艺术，她非常善于创作、表现重大政治题材。国家大事、历史伟人、改革开放的辉煌成果等，都是高少萍创作的内容。这类作品具有精巧的构思、宏大的叙事、合理的布局、精美的场景，她对作品的驾驭能力令人惊叹。《大唐传奇》《龙的传人》《回归》《辉煌的历史》《世纪伟人颂》《百年奥运梦圆中华》《胜利的征途》《中华民族文化礼仪》《劳动者之歌》《大国工匠》《大美中国》《站起来、富起来、强起来》等大量作品，充分展现了高少萍的创意高度和艺术水平。

创新之四：时尚元素创新。时尚的事物能带给人一种愉悦的心情，优雅的品位赋予人们不同的气质和神韵。高少萍理解的时尚元素就根植于普通百姓的生活中，她要用剪刀表现人们在一定

⊙ 2021年,高少萍应福建省委统战部邀请举办讲座

的社会时期所崇尚的理想和目标。为此，高少萍走过父亲曾经走过的道路，深入农村，收集民间艺术素材；踩点各家厂矿、企业、单位等，表现各种职业的人物；观察人民生活，创作人民致富奔小康的作品。

另外，高少萍还有"一大突破"，就是将版画的木刻特色融入剪纸作品。如果说刻刀的运用只是工具的改变，那么对木刻特色的运用，就是艺术的迁移。

人物形象的剪纸表现受到技术限制：以阳剪为主、阴剪为辅的传统漳浦剪纸所呈现的视觉效果不佳。经过高少萍多次尝试，对相关艺术门类触类旁通，高少萍找到了最佳解决方案——将版画的木刻特色融进去，从此开创了独特的"刀剪结合、阴阳互补"的剪纸工艺。

在这种剪纸工艺下，高少萍的作品既具有南方剪纸玲珑剔透、纤细秀丽的风格，又具有北方剪纸淳朴、浑厚、豪放、粗犷的特点。其实，高少萍在创新剪纸工艺时，不仅仅运用了刻刀和木刻技术，还在创作实践中借鉴其他艺术门类的形式和特点，如版画的"刻"感造型、装饰画的唯美质感、漫画的夸张形态、歌词里的人文情怀等，这种融合与巧妙的移用，丰富和提升了剪纸艺术的表现力和感染力。只有兼容并包的文化才能长存，也只有兼容并包的剪纸艺术才能突破瓶颈，再上一层楼。

在剪纸道路上，创新是高少萍剪纸艺术创作生生不息的动力，突破是高少萍剪纸艺术走向巅峰的生长力。因为高少萍在传承剪纸中的贡献，在剪纸艺术上的创新和突破，漳州市总工会推荐她参评全国五一劳动奖章。经过好几轮评选，高少萍在剪纸艺术上的成就、作品、行业创新都符合获奖条件。不负众望，高少萍获得了全国五一劳动奖章。这是国家对劳动者的最高荣誉表彰。

2016年5月1日那天，风和日丽、万物和谐，伴随着铿锵的音乐，高少萍盛装走上领奖台。礼仪小姐为高少萍挂上绶带，领导为高少萍颁发奖章。高少萍感慨万千、热血澎湃。她几十年来，兢兢业业，传承非遗文化；不断创新开拓，赋予了传统剪纸时代生命力。这么多年的辛苦和委屈都化为乌有，一切尽在不言中，这枚奖章就是对她的最大的鼓励和肯定。

接受记者采访时，高少萍说："我要用手中这把剪刀来讲好漳州故事，讲好福建故事！"

圆梦大学

俗话说：时势造英雄。时代机遇固然重要，但还是要有个人能力作为基础，方能越走越远。高少萍和这个时代就是一段双向奔赴、互相成全的故事。时代，让高少萍扩大了传统剪纸题材，创新了剪法，令她获得了社会各界的赞誉。高少萍，让剪纸艺术焕发了生命的光彩。高少萍的剪纸艺术道路越走越宽阔，也实现了从劳模到大学生的又一次华丽转身。

高少萍总是积极参加福建省各级工会的活动。这日，工会领导对高少萍说："高少萍啊，你在剪纸上是漳州首屈一指的大师。你想不想更进一步呢？"

"当然想啊！"高少萍答，"我自认为在技术上达到了炉火纯青的地步。可是艺术审美还需要提高，有时候也有江郎才尽的感觉，没有创作思路。所以我还经常参加各种培训呢！"

"这里有比那些培训更精深、更专业的学习，你想不想参加？"领导问。

"想！"高少萍脱口而出。

"别那么着急答复我，跟家里人商量一下。"领导说，"毕竟这不是在本省的培训，也不是几周就能结束的。"

"啊？去哪里？"高少萍试探性地问。

领导认真地说："鉴于你积极参加各项工会活动，得到了各级工会部门的认可。在传承剪纸上有创新和突破，颇有成绩。总工会想推荐你到中国劳动关系学院上大学，为期四年，以便你更好地传承和发展剪纸艺术。"

"真的？！"高少萍被这个天大的好消息砸中了，晕头晕脑的。

激动之余，高少萍开始思考这件事的可行性。没有上大学，这是高少萍一生的遗憾，圆梦就在眼前！可是，北京那么远，孩子怎么办？老人怎么办？对家庭的责任还履不履行了？这不是短期的培训，而是一去四年的学习，是选择个人梦想，还是选择家庭？

高少萍把消息告诉了家里人。母亲第一个反对："一个家庭是以女人为主的。你一走四年，没有女主人，这个家会不会散？第二个问题，你一走，我们老人家想女儿了怎么办？"

⊙ 2018年，高少萍在中国劳动关系学院为学弟学妹们讲座

尽管母亲一万个不愿意，可是高少萍特别向往到北京读大学，圆儿时的梦想。于是跟丈夫商量："我特别想去读书，你会不会支持我？"

林宾无数次听到高少萍因为没有考上大学而遗憾、后悔，这次有这么好的机会，他很理解高少萍，于是说："你如果特别想去的话，我支持你，你就放心去吧！"

高少萍又征求公公婆婆的意见。高少萍的公公是20世纪50年代的大学毕业生，婆婆是归国华侨，都很有见识，也很民主。公公说："这么好的机会，既能学习，又能长见识，还能接触很多人。你如果想求进步，必须去学习。家里的事你放心，我跟你婆婆会替你管好孩子的！"

高少萍说，她能成就事业，真的要感谢父亲、母亲、先生、儿子以及公公婆婆的大力支持，他们是她坚强的后盾，让她能安心于剪纸事业，做出一番成绩。2017年3月8日，高少萍满怀着希望和梦想，带着对大学生活的美好憧憬和向往，来到中国劳动关系学院报到。

在北京学习的几年里，发生了太多难忘的事情。

课堂上的趣事不胜枚举，最令高少萍记忆犹新的是英语课。刚上课时，老师想了解大家的水平，便问道："大家会用英语表达哪些句子呢？分享一下。"劳模们一个个踊跃举手。

老师示意一位劳模回答，劳模站起来说："Hello！"

老师满脸笑意地听她说下去，等了好一会儿不见下一句。老师忍不住问："还有呢？"

"没了，就会这一句！"劳模满怀歉意地说。

大家哈哈大笑。老师再问："还有谁会说英语？"

没人举手了。另一位劳模说："我会两句，孙子教我的。Hello，hello，hello，How are you！"劳模唱起《Hello》儿歌，教室里乐翻了天。

没办法，老师只能从最基础的英文字母教起。刚学完英文字母，老师叫同学们起来念，全班没有一个人能从头到尾读正确。但是，劳模们的毅力与专注是长期养成的。他们将这种精神用在学习上，到了第二学期，大家已经能进行简单的英语对话了。

第二学期，老师叫大家读英语课文。因为大家来自不同的省份，读出了"川英""湘英""东北英""粤英"等各种口音。高少萍的"闽南英"一出，把老师和同学们都逗得哈哈大笑。在这样欢快的氛围中，大家一点点熟悉、亲密起来。

在大学里，高少萍不仅学习了文化理论知识，学会了使用电脑，学会了英语，最重要的是和同学、老师建立了深厚的感情，对传承剪纸艺术有了更深刻的认识。通过几年的学习和在北京的生活，高少萍的眼界开阔了很多，心胸也打开了，站位也更高了，再遇到困难和挫折，她已学会从另外一个角度看待，从另外一个角度包容理解。

习近平总书记的回信

2018年4月30日，习近平总书记给中国劳动关系学院劳模本科班学员的回信在中央电视台《新闻联播》中播报。守候在电视机前的劳模本科班的学员们激动万分。高少萍的手心，因激动增添了丝丝滑腻的感觉，内心却如柳絮般轻盈，满是幸福的感觉。那是她在劳模班经历的最难忘的事——一起给习近平总书记写信。

怀揣着有想法就去执行的信念，在学校领导的同意和大力支持下，在班主任刘慧丽老师的组织下，高少萍和劳模班的同学们开始组织语言、执笔、修改、润色。4月17日，大家终于写完了给习近平总书记的信。

令大家激动万分的是，习近平总书记给大家写了回信，并且新闻主持人用1分52秒的时间，播报了习近平总书记给中国劳动关系学院劳模本科班学员的回信。那天晚上，整个学校的师生都沸腾了，大家彻夜难眠。这封信代表着国家领导人对劳模精神的极高肯定和对全体劳模的关怀，高少萍把习近平总书记的回信看了一遍又一遍，只觉得手中的剪刀沉甸甸的，可内心却是轻盈而幸福的。这件事，高少萍到现在讲起来仍然热血澎湃，感到无比幸福。

工匠精神

习近平总书记在给劳模班同学回信中提出："劳动最光荣、劳动最崇高、劳动最伟大、劳动最美丽。全社会都应该尊敬劳动模范、弘扬劳模精神，让诚实劳动、勤勉工作蔚然成风。"作为劳模，高少萍感受颇深。经过劳模班的学习，高少萍对劳动，对传承非遗有了更深刻的认识。

劳动最光荣。2016年，高少萍凭借对传承剪纸文化孜孜不倦的精神，获得了全国五一劳动奖章。高少萍的职业生涯获得了那么多荣誉，创作过程中的一切艰辛和努力，让高少萍感觉自己的劳动是如此的光荣。

劳动最崇高。每当想起老一辈剪纸艺术守望者在不断消失，剪纸艺术后继乏力，高少萍就很痛心。她立志从事剪纸非遗的保护和传承工作，这是一项崇高的事业。随着社会不断进步和科学技术的发展，一些非遗项目逐步退出历史舞台。高少萍努力在传统上求创新，在创新上求发展，一直默默坚守着这块阵地，取得了很好的效果。她还深入农村，收集民间艺术素材，并创作出了更多反映人民致富奔小康的好作品。到厂矿、企业、单位进行剪纸互动，在组织开展各种剪纸活动的同时，与兄弟省、市剪纸协会加强交流和互动，增进友谊，切磋技艺。利用休息时间，高少萍先后到河北蔚县、天津杨柳青等地的剪纸协会进行学习和交流，以促进漳浦剪纸协会更好地发展。传承剪纸艺术，高少萍感觉这项事业无比崇高。

劳动最伟大。风风雨雨几十年，就做好剪纸这一件事，高少萍觉得所有的付出既平凡又伟大。还有一件令高少萍记忆犹新的事。2014年，国家有关领导到福建漳州视察，当地政府选派高少萍用10分钟的时间介绍剪纸的历史并现场展示技艺。高少萍折好纸，沿着线条剪了两剪，打开红纸，一个"红双喜"呈现出来。接着，又剪出一个中国结。领导看着高少萍把一张平平无奇的纸

⊙ 2021年12月31日，高少萍为新疆文化交流创作主题作品

⊙ 2023年，高少萍（左四）参加第八届中国漳浦·乌石荔枝文化节

变成艺术品，顿时来了兴趣。本来只有10分钟时间的安排，领导跟她交流了将近一个小时。最后，领导与高少萍深情拥抱，领导的拥抱表达了对艺术家的鼓励与赞美。

劳动最美丽。"啊，剪梦。剪个梦送春风，剪只鹤给劲松，剪张寿字献长空，剪个龙飞凤舞映天红……"舞台上，舞者们轻步曼舞像杨柳扶风，疾飞高翔像鹊鸟夜惊，真可谓"翩若惊鸿，婉若游龙"。剪纸大师唱着《剪梦》，拿着剪刀和彩纸走上舞台。歌声如天籁绝响，剪纸动作流畅，似乎合着音乐的节拍在旋转，在行走。一曲唱完，一幅精美的剪纸作品也诞生了。

这是剪纸艺术与音乐、舞蹈的融合，给予观众多重的审美体验。高少萍除了在剪纸艺术上有着"四大创新，一大突破"外，对剪纸艺术的展示也做了突破。以往的展示方法是把剪纸裱在画框里，供大家参观，或者艺术家现场剪纸，让观众现场体验。而高少萍把民间剪纸结合舞台上的艺术，带着演出团队成员在舞台上诠释古老的民间非遗剪纸。高少萍赋予了剪纸艺术更新颖、更美丽的展示。

漳浦早年不缺有高超技艺和精湛技能的老一辈剪纸艺人，比如最具代表性的陈金、黄素、林桃、陈匏来四位花姆，她们对作品持之以恒的精剪细琢、精益求精，追求完美与极致，少有人能比；她们热爱生活，把专注、敬业、细致、严谨当作终生职业操守和价值追求。她们身上闪烁的就是"工匠精神"。

高少萍继承了她们的优良品质，在几十年的剪纸生涯中，不忘恩师嘱托，努力发展剪纸艺术。高少萍凭借自己的努力，收获了百余项大奖。能有这些成绩，源于她有一个"死心眼儿"的性格，多年认真做好每一件作品的韧劲儿。

高少萍说："我会珍惜当下的大好时机，大力弘扬劳模精神和工匠精神，为新时代创作更多、更好的作品，让民间剪纸艺术之花绽放在祖国美丽的大花园里！"

载誉前行

高少萍的剪纸能获得成功，少不了家庭的支持和同行的激励，更少不了社会各界的鼓励与肯定。从事剪纸创作以来，高少萍获得了很多荣誉，其中，最难得的是荣获全国五一劳动奖章。民间剪纸艺人获此殊荣，高少萍是第一个。高少萍说："这是党和国家对劳动者的肯定，对民间剪纸艺人的关怀，是对我最大的褒奖。"

家里人非常看重高少萍获得的荣誉。"我家小萍是福建省非遗传承人，还获得了全国五一劳动奖章，是全国三八红旗手。她经常到全国，甚至国外去表演！"高少萍80岁的母亲总是逢人就宣传。

父亲与有荣焉，有些不好意思，含蓄地替母亲找补："小孩子对剪纸感兴趣，也正好遇上了好时代，运气比较好。"

公公婆婆也很支持高少萍的工作，丈夫更是她的得力助手。高少萍说："这些荣誉归功于家庭的熏陶、家人的支持、个人的努力，当然更归功于现在身处的好时代，使得小小的剪纸有了大大的舞台，发挥了传播文化、沟通外交的大作用。"

粉丝的鼓励也是高少萍能坚守初心的一大原因。"剑胆琴心，德艺双馨""高家姑娘心手巧，剪出花样美人间""执着编织中国梦，剪纸外交显神通，快乐服务巧天功，劳模最美高少萍""高山仰止淑雅姿，少见剪纸妙如诗。苹果乐园美童话，金光大道任奔驰。剪裁四季如意日，刀法演艺精工智。女中瑰宝善心远，神州奇葩载正史"，这些都是粉丝和专家赠予高少萍的赞美之词。

同行说高少萍是剪纸行业的领头羊，敢于创新和发展传统民间剪纸，尤其是带领漳浦剪纸走向市场，走向世界。"萍姐40多年来致力于漳浦剪纸的发掘、抢救、传承和发展，无愧于取得的荣誉，我们都十分支持这个大姐当剪协主席！""萍姐的剪纸玲珑剔透、纤细秀丽，淳朴、浑厚、豪放、粗犷""萍姐的作品思路大胆，灵感超凡，超乎想象……"没有"文人相轻"的套路，没有"同行勿进"的竞争，高少萍作为福建省剪纸协会副主席，她将剪纸艺术家们拧成一股绳，在交流中碰撞思想，在分享中擦出智慧火花。高少萍坚信："将一颗充满爱的心真情付出，让很多人幸福开心，让社会因为有我而多彩。我坚信对生活充满爱，我的剪纸艺术一定会大放光彩，像山花一样烂漫。"

荣誉是激励，但荣誉背后也有诸多烦恼。老一辈剪纸艺术守望者大多年事已高，在不断逝去，剪纸艺术后继乏力。就拿漳浦县来说，老一辈剪纸艺人剪了一辈子作品从没卖过一分钱，不是他们的作品不好，而是剪纸艺术没有走向市场，没有得到认可。

荣誉更是一种压力，如何使漳浦剪纸突破重围走出困境，几十年来，高少萍在不懈努力，始终坚守着、思索着。在传承过程中，高少萍遇到了不少阻碍，她都一个人默默承受。有因为理解而欣慰，也有因为不理解而暗自神伤。能理解、懂得欣赏的艺术界的朋友，他们会拿出自己的作品与高少萍交换；或是出钱买下收藏；或是买下作为珍贵礼物馈赠亲朋好友。不太懂欣赏剪纸的一些朋友，拿高少萍的作品当一般的贴窗画。甚至高少萍对一些朋友说："剪纸作品我来送，镜框的工料费你们自己出。"他们听了以后再也不和高少萍来往了。

有时候，高少萍会想，漳州的一些书画作品是以寸论价，而自己的作品白送人还得倒贴镜框工料费，真是令人伤心。"不，我的作品是有价值的，不是越来越多人喜欢我的作品吗？！"高少萍很快恢复了自信。"路漫漫其修远兮，吾将上下而求索"，高少萍仍然坚信，剪纸将成为一门令人尊重的艺术，她要让漳浦剪纸走向世界，这是她不懈的追求。

薪火相传

高少萍每年都会参加福建省的"非遗进校园"教学活动。福州大学读书日，高少萍被邀请去宣传剪纸。那时，高少萍认识了福州大学的党委书记。她讲起自己的剪纸历程，书记听得很详细、很认真，知道了高少萍是全国劳模宣讲团的一员，了解到全国各地很多高校都邀请她去讲劳模精神，校党委书记说："必须请您给我们学生讲一课！"

后来，高少萍接到电话，福州大学聘请她做福州大学的高级讲师，她欣然应允。

福州大学的老师说："'三人行，必有我师焉。'以高老师的剪纸水平，我们全校师生都想当您的学生！术业有专攻，高老师讲剪纸课，德能配位！"

高少萍迫不及待地把这个好消息向家人宣布。家人打心眼儿里为她高兴："一个农村的丫头，还能去福州大学当讲师！"林宾又教育儿子："你看你妈妈，一个曾经的高中生能去做大学老师，说明什么？只要为一件事执着地去奋斗，一定能取得成绩！"

高少萍笑哈哈地对家人说："没有你们，哪有今天的高老师？一切荣誉都有家人的一半！"

2021年5月29日上午，福州大学图书馆博学厅举办了"纪念建党百年，弘扬工匠精工精神——全国劳动模范进校园系列活动"的首场活动。高少萍被邀请担任主讲嘉宾，做了题为《巧手夺天工，剪出劳动美——高少萍剪纸的创新实践与对内对外文化交流》的专题思政课。讲座结束后，校党委副书记林生给高少萍颁发了聘书，场下掌声雷动。在给高少萍颁发聘书的同时，福州大学非遗剪纸工作室、福州大学非遗剪纸学生艺术社也宣告成立。

高少萍的讲座，没有太多理论，只有许多感人的故事，幸福的点滴。追溯她的剪纸历史，总离不开林桃、黄素等老一辈剪纸艺术家的熏陶和培养。"两位剪纸艺术家将一生都奉献给了剪纸艺术，直到耄耋之年仍然热爱生活和剪纸艺术。她们高尚的人格魅力和匠心精神深深触动了我。我从小就立志，要将老一辈们的艺术和匠心通过剪刀传承下去。"高少萍一次又一次地重温自己与多位老艺术家们的回忆。

她还讲了自己的故事，讲了身边劳模朋友的故事，讲了大国工匠的故事，给学生们传播正能量，鼓励他们好好学习，天天向上。她还把艺术搬上讲台，在台上走动，一会儿剪纸，一会儿唱闽南语歌曲，一会儿表演戏曲，一会儿跟学生剪纸互动。因此，她的讲座令学生们觉得活力满满，听得津津有味。

"传统的艺术绝对不能在我手中丢失。为此，我创办了剪纸艺术馆，在传统上求创新，在创新上求发展，一直默默坚守着这块阵地，并充分利用这个平台，认真履行传承人的义务和职责。"正是对剪纸艺术的热爱，高少萍在坚守传统中不断推陈出新，赋予传统文化时代的意义，激发出艺术旺盛的生命力。

高少萍向师生们展示了《水仙花传说》《我和奶奶》《一带一路》《江南水乡》4幅作品，并详细介绍了创作历程。"每一个故事都发生在特定的环境中。因此，每一幅作品创作之前，都要先了解当地的历史、人文，了解当地风俗民情和背后的故事。这是几十年的艺术生涯中，老一辈给我们留下的工匠精神！"高少萍正是靠着这种精益求精的工匠精神，创作了总长6.8米、宽1米的巨幅剪纸《一带一路》。这幅作品最终在金砖国家领导人第九次会晤中进行展示。

"我所取得的许多成绩，都要归功于这个伟大的时代，赶上了国家发展的好时候。唱响时代主旋律，我要创作出更加符合新时代的作品。"高少萍给师生们讲述了《站起来、富起来、强起来》的创作经历。高少萍深知，是时代将她这个剪纸大师推上了艺术宝殿。所以，高少萍总是怀着一颗赤诚的心，表达对祖国迅猛发展的自豪。

讲座结束后，高少萍被同学们层层围住。

"高老师，多给我们讲讲《我和奶奶》的故事吧！"

"高老师，我以为剪纸全凭感觉和想象呢，原来需要这么多文化的积累。"

高少萍的第一场讲座圆满成功。一个个剪纸艺术传承和创新的故事，诠释着"爱岗敬业、争创一流、艰苦奋斗、勇于创新、淡泊名利、甘于奉献"的劳模精神。

第七章　时代担当

一笔一画，描摹的是外婆的牵挂；

一砖一瓦，刻下的是闽南的文化；

一意一象，画出的是劳模的精神；

一棱一角，组合的是辉煌的中华！

尽精微而利他心，

择一业而终一生。

心有所信，方能远行。

从国内到国外，

从青春到白发，

你用一张纸守住前辈的火，

用一把剪刀开辟明天的路。

《我的爷爷奶奶》系列

纸上飞花纤手巧，妙剪生春奇艺高。2017年6月，南京市举办全国剪纸大赛。此时的高少萍，已不是参赛选手了，作为曾经的"神剪"，高少萍被邀请当评委。

在一日比赛结束后，一位西装革履，气质儒雅，气定神闲的男士来找高少萍。虽然平时高少萍见惯了这类艺术家，却仍然被他不凡的气度吸引。男士走到高少萍面前，微笑着跟高少萍打招呼，并递上一张名片："高老师您好，我是九华美术馆馆长熊继平。"

高少萍急忙微笑着问好："熊馆长，您好！"

两个艺术家的话题，自然是艺术。二人在各自的领域都是大师，谈论起来可谓相见恨晚。说到剪纸作品，熊馆长说："老师，您有非常多的好作品，有两幅最打动我。"

"哪两幅？"哪两幅作品能打动熊馆长？她的脑海里浮现出一些有着宏大叙事、正能量主题的作品。

"《我的爷爷奶奶》和《奶奶》这两幅。"

"为什么？"高少萍有些惊讶，心想，在全国大赛中，我有100多幅作品获奖，这说明这100多幅作品都得到了专家的认可和观众的喜爱，咋会是这两幅最打动他呢？

熊馆长接着说："作品要让大家看了引起共鸣才会震撼、才会

⊙ 2017年至2021年，高少萍历经5年创作出的30幅《我的爷爷奶奶》系列作品

心动。您有爷爷奶奶，我有爷爷奶奶，他有爷爷奶奶，大家都有爷爷奶奶，所以高老师您创作的系列作品《我的爷爷奶奶》，让大家心动，能引起共鸣、震撼。若是您今后能创作出30幅'爷爷奶奶'作品，我的美术馆就为您举办个展。"

一说起"爷爷奶奶"，高少萍便滔滔不绝地讲起她小时候和外公外婆生活的点点滴滴。无论是懵懂年少时的跳绳子、翻花绳、踢毽子等各种游戏，还是稍稍长大后参与的赶庙会、包粽子、搓汤圆、摘荔枝，以及骑自行车、荡秋千、拔河等，乃至最后出嫁，外公外婆都陪伴着她，每段时光都是那么温馨，那么幸福！一桩桩、一件件，回顾过往，无论是与"奶奶"什么样的往事，到最后都是有爱的，说到有趣处，二人哈哈大笑，说到动情处二人都哭了，因为熊馆长也是奶奶带大的。

二人相谈甚欢，聊到很晚。回到酒店，高少萍兴奋得睡不着觉，开始回忆自己和外婆的点点滴滴。

放暑假回到家，当天晚上高少萍就迫不及待地开始画……

高少萍回忆着与几位奶奶的过去，外婆对她的宠爱，黄素、林桃奶奶在艺术上的指点，无一不令她动容。几位奶奶对她的疼爱、对生活的热爱、对艺术的追求，此时此刻，都化为高少萍的灵感，在她的创意里盘旋。她希望通过细腻的剪法，将这些情感以艺术形式完美再现。

最终，高少萍决定画面上"奶奶"的形象采用自己的恩师，106岁的林桃奶奶的形象。作品内容，大多是自己与外公外婆在一起的快乐场景，也有一些她与黄素、林桃等漳浦老一辈剪纸艺人在一起的温情画面。

高少萍开始动笔，在纸上详细地把林桃奶奶的形象画出来，把外婆的爱剪出来。高少萍画的是自己儿时的回忆，剪的是自己少时的幸福。所以，每一笔每一剪都倾注了她的感恩之情与感动之心。在暑假，高少萍一鼓作气创作了10幅《我的爷爷奶奶》的故事剪纸作品。高少萍自己也没有想到，创作《我的爷爷奶奶》，竟是一场漫长的拉锯战，耗时整整5年，用30幅作品呈现了她从出生到出嫁的温馨瞬间。

高少萍恋旧人，也恋故土。人物在特定的社会场景中才叫生活，高少萍出生、成长、工作，都离不开闽南土壤的栽培。高少萍在这组剪纸的背景中，充分融入了闽南风土人情，妈祖庙、小学校、芗剧、磨汤圆、蒸年糕，极力表现了地域文化。高少萍采用阴阳结合的剪法，颜色以黑白为主。她还创新剪法，有的立体雕镂，令有趣童年栩栩如生；有的套色相衬，让黑白剪纸陡增光彩。

最为人津津乐道的便是内容了。《我的爷爷奶奶》的内容夸张俏皮，诙谐有趣，奶奶从高少萍头上捉下的比手掌还大的虱子，具象化的音乐旋律，半个小孩大的高跟鞋，半张脸大的蚊子，奶奶单手挂树摘荔枝等形象，令观者忍俊不禁，又深深感受到奶奶对作者无比的宠爱。

这5年来，高少萍为这组作品常常食不甘味，夜不能寐，可以说是"为伊消得人憔悴"，常常因她"魔怔"的状态惹得全家跟着她一惊一乍。有时她刚吃一口饭，突然涌上灵感，为了抓住这转瞬即逝的灵感，她放下碗筷就去构图；有时睡到半夜，突然有了想法，再冷的天也爬起来创作……经常因为不满意构图，反反复复修改，屡屡推翻重来。

2020年的春节，熊馆长要兑现诺言，为高少萍举办《我的爷爷奶奶》系列作品展。

高少萍说："可是，这个系列我还没有完成30幅呢！还差几幅。"

"没关系！等不及了，太多人想看了。这个春节就举办《我的爷爷奶奶》系列个人作品展。"熊馆长说。

最后，江苏九华美术馆展出了《我的爷爷奶奶》系列作品，人们在作品中回味童年，怀念老人，整个现场氛围令人感动。

《我的爷爷奶奶》系列剪纸作品，俨然是一部"闽南风俗长卷"。观众品评：无不悦人目、动人心、触人思、怡人情，真正体现了"源于生活，又高于生活"的艺术创造力。这组作品也给高少萍带来了荣誉。在第十一届福建省工艺美术精品"争艳杯"大赛中，她的剪纸作品《我的爷爷奶奶》系列脱颖而出，荣获大赛银奖。

"非常荣幸，这一组作品能够获得不错的成绩。"记者来到高少萍剪纸艺术馆采访她时，高少萍兴奋地说，"这组作品，最重要的还是想表达真挚的感恩之情，感谢那些陪伴我们成长的爷爷奶奶，向充满温情充满快乐的时代致敬！"

《劳动者之歌》《大国工匠》系列

高少萍在劳模班学习，有两个最大的收获：一是习近平总书记给劳模班同学们的回信，二是她认识了更多的劳模同学。每一个劳模都是在几十年如一日的坚守中成长起来的，因此，每一个劳模都有一段人生故事。高少萍了解到不少劳模的感人事迹和伟大精神。2017年五一劳动节，高少萍应邀到人民大会堂参加全国劳模代表大会，这一次她认识了高凤林、郭晋龙、包起帆等大国工匠。

"那就是鼎鼎有名的包起帆哪！"了解中，高少萍知道了包起帆只是一名码头上的工人，然而，他竟然连续五届评上了全国劳模！要知道，全国劳模评上一届已经很不容易了，他竟然能被连续评上，高少萍很好奇，便去深入了解劳模们的故事。读完这些传奇的故事，高少萍心生感动与崇敬。"我必须把他的故事讲出来，向更多的人分享这些励志的故事！"高少萍暗暗下定决心。

大国工匠郭晋龙与高少萍交流最多。因为《射雕英雄传》，高少萍像淘气的小黄蓉一般，叫他"晋哥哥"。还有一部微电影《白线》讲述了郭晋龙的故事。

在全国总工会组织劳模活动期间，高少萍手上的剪刀不停地翻飞舞动。"晋哥哥！"高少萍把剪出的郭晋龙头像放在郭晋龙面前。郭晋龙接过小像，呵呵地笑着说："高妹妹不愧是劳模，什么时候都在劳动！"

"哈哈哈，我的工具就是一把剪刀，材料就是一张红纸。晋哥哥的焊枪也不能搬来呀！"高少萍笑道。二人关系亲近，像兄妹一般，也像战友。

"我想用劳模和大国工匠作为主题剪纸，晋哥哥肯定也在其中，你觉得怎么样？"高少萍向郭晋龙征求意见。

"那当然好啊！"郭晋龙笑呵呵地立马赞同，"我们都求之不得。没想到有一天我们能在高大师的纸上成为艺术品，荣幸啊！"

高少萍被劳模们高尚的道德品质，精益求精的工作态度，勇于开拓的创新意识和无私奉献的精神深深地打动着，鼓舞着。她对劳动也有了更加深刻的认识。最重要的是，这些都汇聚成高少萍剪纸的动力和源泉，引发了高少萍新一波的创作高潮！她成功举办了《劳动者之歌》《大国工匠》剪纸个展和讲座，前来观展和听讲的人络绎不绝。

2018年清明时节，高少萍利用放假时间回故乡，又开启了创新的天地。

中国传统民间剪纸是意象造型艺术，"以意构象，以象寓意"。它不是具象造型，不是塑造自然中的真实物象，而是塑造作者头脑中的形象，因而民间剪纸不适宜表现真人真事。不然，就会失去传统民间剪纸语言的特征，成为过了刀的"绘画化"剪刻纸的翻版。这也是民间剪纸创新的难点。

可是劳模们都是真实存在的人物，也都有着真实存在的事迹，怎么将其艺术地表现在剪纸上呢？对此，高少萍进行了多方面的探索。最后，她决定运用意象造型与具象造型相结合的方法：以意象造型为主，具象造型为辅。构图采用长方形背景套圆形特写镜头，突出人物形象主体，人物面部以国画白描阳线造型。人物衣服和头盔及道具又吸取版画阴阳、黑白、块线、粗细的处理方法。而圆形镜头周围背景则采用阴剪意象造型方法和表现手法，塑造了喜鹊登梅、长青松树、富贵牡丹等象征吉祥的纹饰及"劳动者之歌"文字，表现了劳模品质高尚、事业兴旺、生活富足、生命长久的寓意。

经过夜以继日地学习劳模事迹，感悟劳模精神，高少萍构思图形，画画剪剪，终于完成了10幅《劳动者之歌》剪纸作品。创作出来后，大连中山美术馆联系到她，希望为她举办剪纸个展。

展览上，高少萍解释了自己创作这组剪纸的原因。高少萍说：

"创作《劳动者之歌》是因为我国产业工人队伍是一支有理想、守信念、懂技术、会创新、敢担当、讲奉献的宏大队伍，劳模是这支队伍中的杰出代表，我想用手中这把小小的剪刀来讴歌这支劳动者大军，剪好每个故事。很荣幸应邀在大连中山美术馆举办我的剪纸个展。我希望借助剪纸个展强化年轻学生的认知，营造劳动光荣、技能宝贵、创造伟大的氛围。希望能使这些杰出的劳模代表拥有更多的职业荣誉感、自豪感和获得感。希望通过这次《劳动者之歌》剪纸个展，更好地激励劳模的积极性、主动性和创造性，为各自所服务的单位再创辉煌。"

《红军长征组画》系列

作为一名民间剪纸艺人，高少萍常常感慨自己生在了这么伟大、美好的时代。她觉得特别感恩，总是在思考着做点什么来回馈社会。

2019年，在福建省两会上，一群民间艺术家代表也来参会。会议间隙，艺术家们交流着各自领域的故事。一位艺术家说："再过两年，就是中国共产党建党100周年了。我们到时候可得用艺术作品来庆祝党的100岁生日！"

"我一直就在等这一天！"

"我已经构思好久了呢！"

"好主意，大家联合起来，用各种艺术形式庆祝建党100周年，中华人民共和国成立72周年。"艺术家们纷纷赞同。

于是，从2020年初，高少萍就开始做准备。她要用手中这把小小的剪刀创作出讴歌党的伟大胜利的作品。但是，100年那么长，用什么主题来表现党的伟大呢？

高少萍在北京读书的时候，结识了一个好朋友。

当时，这位朋友是大同煤炭职业技术学院的领导。因为学校有"非遗进校园"的活动项目，需要邀请一个非遗传承人到学校讲课，她在百度上无意间搜到了高少萍的名字，觉得高少萍很符合她的要求。于是，她就慕名给高少萍打电话，邀请高少萍去学院讲课。

"请问高老师对于讲课有什么要求？"领导问。

"没有要求！作为一名非遗传承人，我有义务和职责把这些非遗文化跟大家分享。"于是，高少萍坐了6个多小时的车到了大同。高少萍和领导一见如故，从此二人成为好朋友。多年来，两家互相走动，几乎每星期都通电话，高少萍要创作什么内容，都会咨询她的意见。

这次也一样，高少萍跟这位好朋友通话，问道："建党100周年要到了，我想剪一幅作品来歌颂党的伟大历程，我剪什么好呢？"

好朋友此时已经升任副校长，尽管非常忙，还是耐心地为高少萍提出建议："我们国家这么昌盛，这么伟大，红军长征是不可磨灭的一个丰功伟绩，要不然你就剪红军长征。组画更有震撼力，单单一幅作品没有震撼力。"

商量之后，朋友又给高少萍提供了一些红军长征的历史背景，如"井冈山斗争""血染湘江""遵义会议"等。

　　高少萍重新学习了中国革命史，同时大量查看了相关的影视资料。长征是宣言书，长征是播种机，长征是宣传队……说不尽的长征精神激励着中国人一代接一代奋斗着，创造着愈来愈美好的生活。

　　除了阅读和观影，高少萍还组织了漳浦剪纸协会的艺术家们前往红色景点，亲身体验红军住过的旧瓦房，吃"红军菜"，喝"红军井"之水。当然，这些创作素材还不够，她还利用去北京学习的机会，专程走进中国国家博物馆参观学习。经过长时间的构思，高少萍对内容的选择有了想法。可是选择什么样的表现方式来创作？高少萍还一直苦恼着，她想有一个新的突破。

　　说来也巧，在一次赴国外进行文化交流的途中，高少萍无意中看到公共图书角的杂志，上面的卡通图案吸引了她。那些几何图案组成的图画，给了高少萍很大的启发。回来后，她琢磨如何在剪纸艺术作品里也融入这些元素。高少萍只要出国，必定去所到国家的博物馆、美术馆参观，她也将外国的建筑、海报、艺术品等元素都借鉴来，运用到这组作品里。

　　为了达到理想的表现效果，高少萍动员家人当助手，让家人当模特，摆姿势，演表情，再现情景。夜以继日，终于在2020年8月完成了一幅幅作品。《红军长征组画》共10幅，分别是《井冈山斗争》《血染湘江》《遵义会议》《四渡赤水》《飞夺泸定桥》《翻越雪山》《跋涉草地》《突破腊子口》《会师吴起》《而今迈步从头越》。从酝酿到成稿，历时七八个月。

　　作品完成后，高少萍参与了由福建省文联、民间文艺家协会联合主办的"福建省民间文艺山茶花奖·优秀民间工艺美术作品评选暨传统民间艺术精品展"，这组作品与来自全省涵盖福州寿山石雕、惠安石雕、莆田木雕、漆艺、陶瓷、根雕、剪纸、软木画等26个民间工艺类的106件民间文艺作品角逐，最终被确定为"福建省民间文艺山茶花奖·优秀民间工艺美术作品"8件（组）作品之一。

《光荣历程，走向辉煌》系列

"我和我的祖国，一刻也不能分割。无论我走到哪里，都流出一首赞歌……"歌声传遍大江南北，传遍海内外。凡有国民、华侨的地方，都流出这一首赞歌。

2021年，是中国共产党成立100周年，是中华人民共和国成立72周年。

丈夫见高少萍在翻阅一堆书，瞟一眼封面，便说："你这真是把爱国实践到生活每一个层面呀。"

高少萍笑笑说："今年是中国共产党成立100周年，我在2019年参加省两会时，跟一群民间艺术家聚在一起，谈论如何在建党100周年献上最丰厚的礼物。终于到了今年。我准备为国庆节剪纸呢，要了解一下党的奋斗历程和抗战、建设故事。"

"你不是去年就剪好了《红军长征组画》吗？"丈夫问。

"红军长征只是两年，共产党有百年呢！我得把百年光辉历程剪进一组作品里，这浓缩的能力得从对历史的深刻理解中来！"

丈夫对高少萍竖起大拇指："高大师现在这眼界与感悟，可太深刻了！"

"哈哈！我得做准备了，了解奋斗历程、抗争精神。创意可不是说来就来的。"高少萍边读书边构思，思考历史的段落、剪纸的篇幅，思考内容和表现形式。

在思考过程中，又遇到了难题。党的建设历程，有很多宏大的场面，比如，怎样体现"人山人海"呢？高少萍看历史资料、看艺术作品、看图片、看纪录片，直到看到了开国大典的纪录片和油画作品。"对！可以用简洁而具有代表性的事物来表现复杂的场景！"一个创意瞬间闪现。高少萍一改从前的写实风格，大胆尝试全新的写意风格。于是，在《开国大典》剪纸作品中，毛主席手拿发言稿，向全世界庄严宣告中华人民共和国中央人民政府成立。

构思国庆剪纸，其他的活动也不能停。作为漳浦剪纸协会的带头人，高少萍还带领协会的剪纸非遗传承人到福州参加"省宗教界爱党爱国爱社会主义文艺汇演"，带领协会成员积极参加全国剪纸大赛，其中会员魏琴创作的剪纸作品《听爷爷讲那过去的事情》荣获金奖，而高少萍也在建党百年剪纸展中获得了最佳组织奖。

艺术来源于生活。一系列党建剪纸作品的创作与形成，需要熟知党史，需要了解多方面的资料。高少萍翻阅和整理书籍，收集极具代表性的红色故事，观看红色电影和电视剧，从这些资料中获取创作灵感。最后，陆陆续续完成这一系列作品，每一幅作品呈现着中国不同时代的发展历程。《光荣历程，走向辉煌》系列，一共9幅，记录了祖国从1919年到如今21世纪欣欣向荣的景象。

记者到剪纸艺术馆采访高少萍，高少萍展示了这9幅作品，向记者介绍了创作历程，她说："我们整个剪纸协会的人都用手中这把剪刀来歌颂我们的党，歌颂我们的祖国，用我们的作品祝福我们的人民幸福安康，祝福我们的祖国繁荣富强。"

高少萍一直在剪纸的道路上传承、创新。她从奶奶们养育、栽培她的幸福生活中获得战胜挫折的力量，她从父母、哥哥的艺术人生中获得审美的体验，她从培训、学习、交流中获得追求艺术的动力，她从古老的中华文明里传承文化，她从新中国的奋斗历史中学会开拓创新。时代促使高少萍的剪纸走到台前，高少萍为剪纸艺术赋予时代意义，二者是双向奔赴，互相成就的。

高少萍手握金剪刀："我要让这把剪刀传承下去，让非遗传承人们剪出更伟大的中国！"

经过这一系列剪纸作品的创作，高少萍意识到，必须重新建构剪纸与当代党建、文化创意和日常生活的内在关联。最为重要的是，在当下视觉文化体验不断演变的进程中，如何重构剪纸的艺术审美价值，如何在公共层面和个体层面取得社会语境下的统一，是剪纸走向未来、助力党建、拓展文创新境界的突破点。因此，在传统社会公共价值的基础上，高少萍认为激活和重启剪纸作为个体视觉体验、党建创新形式，兼顾文创开发的艺术性和审美价值，将会为剪纸未来独立存在提供更可靠的支撑。

几十年的剪纸生涯，令高少萍已小有成就。关于未来，高少萍表示，她仍然会继续学习，将技术毫无保留地传给所有人。在这个万物互联、信息化的时代，与时俱进，让剪纸插上网络的翅膀，推动创作资源共享，创设主题化、特色化云互动专栏，用剪纸独特的艺术魅力和风格，讲出更加美好的家国故事！

其他优秀作品

福建人靠海吃海，当地人在出海之前，都会拜妈祖，寻求庇佑。

高少萍作为福建人，也将剪纸创作深入民间，发掘民俗风情。"妈祖"也是高少萍剪刀下永不过时的主题。

2021年7月31日，漳州籍运动员卢云秀在东京奥运会帆船女子帆板RS:X级比赛中凭借出色的发挥，勇夺金牌！这是漳州奥运史上的首枚金牌，实现了漳州籍运动员奥运金牌零的突破，为祖国赢得了荣誉，为漳州增添了光彩。在获取这一消息的瞬间，整个漳浦的老乡都为之欢呼沸腾。

当天晚上，高少萍和剪纸协会成员以及徒弟们立刻投入工作，连夜赶制出了几幅主题作品，要在卢云秀载誉归来之时送给她，表达家乡剪纸艺人对她的热烈祝贺和敬意。

2021年9月，孟晚舟在归国演讲中说道："如果信念有颜色，那就是中国红。"这句话让高少萍有了创作的灵感，历经一个月时间，她创作出作品《信念的颜色——中国红》。

这次她用了一种新的手法跟大家分享中国故事。万里长城代表着全国14亿人民齐心协力，同舟共济，团结一心。长城"脚"下踩的乌云和孟晚舟脚上的电子脚镣，象征我们万众一心不畏一切艰难险阻的决心。在这幅剪纸作品里，不仅展现了孟晚舟回国的场面，还包含了华为的标志、5G的标志，以及神舟十三号载人飞船成功发射、中欧班列驶出国门、习近平总书记所讲的"江山就是人民，人民就是江山"等元素。

2021年12月"感恩献福——剪纸艺术作品展"在福建省海峡民间艺术馆分馆展出。通过剪纸这一特殊的民间艺术形式，把嵌入福建文明的"福"文化基因，融入厚重的家国情怀，化作凝聚人心的精神纽带，生生不息，代代相传。

作为漳浦剪纸代表，高少萍以各种形式的"福"字剪纸表达"有福、得福、惜福"这一"福"文化主题。在"福"字中融入生活的方方面面，一笔一刀间，雕刻着美好祝福；粗细虚实中，流淌着无限温情。

"征途漫漫，惟有奋斗。我们通过奋斗，披荆斩棘，走过了万水千山，我们还要继续奋斗，勇往直前，创造更加灿烂的辉煌！"这是习近平总书记在2021年新年贺词中的金句，高少萍以《征途漫漫，惟有奋斗》为主题，结合福建标志性景点、建筑，描绘出福建波澜壮阔的奋斗画卷，体现百年来中国共产党践行着"为中国人民谋幸福，为中华民族谋复兴"的崇高历史使命，带领中国人民过上了越来越幸福的生活。

2022年1月，北京建筑大学现代剪纸艺术研究院与江苏宿迁剪纸协会联合举办"激情冬奥，吉祥寅虎"2022全国剪纸艺术综合展。北京2022年冬奥会在和平、团结和友谊精神的引导下，成为凝聚全世界和平发展力量的契机。冬奥运动文化要在中国进一步普及，民间艺术家与社会各界都可以为全球冰雪产业共赢发展做出贡献，为冬奥会加油。高少萍带领漳浦剪纸协会成员积极参与了此次作品征集，创作出了一幅幅精美绝伦的剪纸作品，以行动尽显剪纸非遗传承人的独有魅力。

2022年4月16日9时56分，神舟十三号载人飞船返回舱在东风着陆场成功着陆，神舟十三号载人飞行任务取得成功。翟志刚、王亚平、叶光富几人精准、平安回"球"，全国人民欢欣鼓舞。高少萍带领协会成员积极创作，用一双巧手传达欣喜之情，以剪纸致敬航天英雄，弘扬航天精神。空间站盛开牡丹花，有强烈的剪纸特色，画面非常温馨。

2022年4月26日是第22个世界知识产权日，其设立的目的是在世界范围内树立尊重知识、崇尚科学和保护知识产权的意识，营造鼓励知识创新和保护知识产权的法律环境。

高少萍抓住这个时间节点，带着协会成员酝酿相关主题作品，通过剪纸作品激发民众对知识产权的关注和正确认知。高少萍在画面中融入10元一张盗卖《爷爷奶奶》作品的场景，形成真假版的鲜明对比，倡议捍卫知识产权。

2022年6月17日，福建舰下水！福建舰是中国的第三艘航空母舰，也是中国自主生产的航空母舰。看到新闻，全国人民都激动、兴奋。而福建人，看到航空母舰以自己的省份命名，更是有一种特别的自豪感。

高少萍也喜不自胜，立刻召集协会成员创作剪纸作品，要用剪纸艺术纪念中国科技历史性的发展。2012年到2022年，仅仅10年，中国人民解放军海军的航空母舰数量实现了由0到3的飞跃。从此，我国进入三航母齐驱时代，国家海防日渐强大，人民和平、幸福的生活有了更强大的守护。

作品《三舰三剑》表现了辽宁舰、山东舰、福建舰守卫祖国领土和主权神圣不可侵犯的飒爽英姿。从近海到远海，人民海军的宏伟蓝图从未止步。

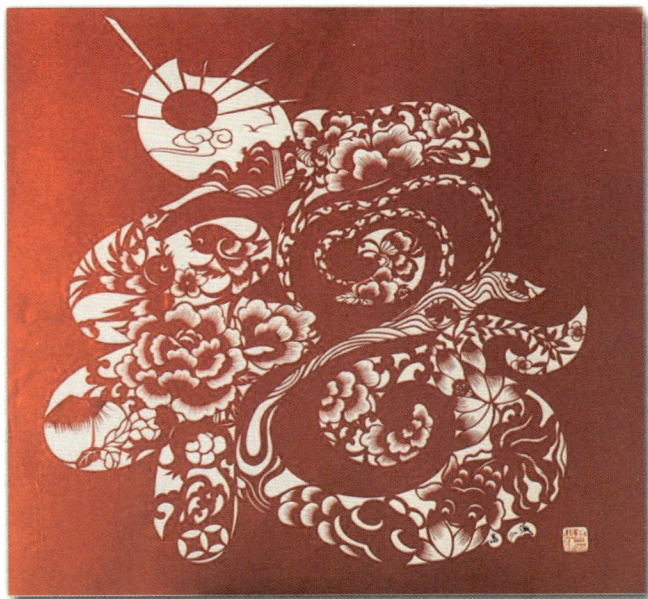

⊙ 《福在眼前》

⊙《征途漫漫，惟有奋斗》

⊙ 《燃情冰雪拼出未来》

⊙ 《平安回家》

⊙《尊重原创》

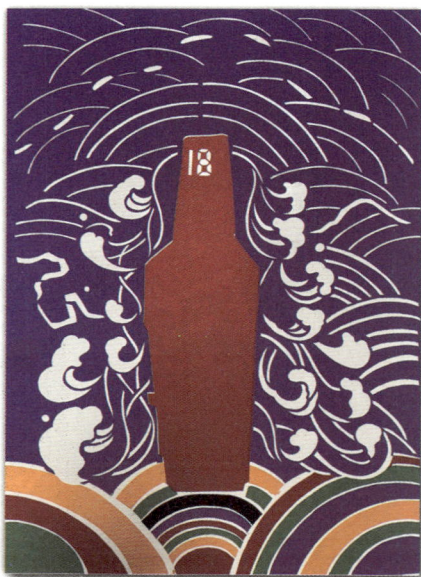

⊙ 左图　《三舰三剑》
⊙ 右图　《福建舰18号》

附　录

1.《我的爷爷奶奶》系列部分作品

《我的爷爷奶奶》：爷爷的烟袋，奶奶的三寸金莲，以及爱美的奶奶头上总是戴着一朵菊花。

《托婴》：芗剧也叫歌仔戏，是漳州地区流行的一类戏种，深受人民群众的喜爱。高少萍母亲是当地的名角兼导演，年轻时忙于各种演出和排节目。小少萍一出生，母亲就把她托付给奶奶。

⊙ 上图　《我的爷爷奶奶》
⊙ 下图　《托婴》

《没齿相望》：奶奶把小少萍放到竹椅中，把嚼过的食物一勺一勺地喂她，院子里的牵牛花、鸡笼和家里的小猫咪，充满了乡村的气息和儿时的回忆。

《爷爷泡的茶》：爷爷每天早上起来，都会泡上一壶茶，靠在家里的竹椅子上，哼着小曲，奶奶在一旁乐呵呵的，小少萍忙着帮奶奶捶背。

⊙ 上图 《没齿相望》
⊙ 下图 《爷爷泡的茶》

《一线牵》：赤日炎炎，小少萍哭闹着要玩水，看着耍赖在地打滚撒泼的小少萍，奶奶心痛不已，只好摘一片荷叶给她当帽子，用绳子套着小少萍，让她玩水，奶奶在岸上边看护边喊："当心……当心……"

《我是妈妈》：每个孩子都有一个成人梦，小时候总爱穿着妈妈的高跟鞋，左右脚反着穿，这样鞋子才不会掉，走起路来咔嗒咔嗒响。

⊙ 上图　《一线牵》
⊙ 下图　《我是妈妈》

《拔河》：小时候在村里，没有绳子，伙伴们就手挽着手、手抱着腰玩拔河，奶奶挥着芭蕉扇在一旁助威，眼见要输了，家里的小黑也冲过来帮忙。

《掉了掉了》：舅舅用自行车带着小少萍和外婆去走亲戚，村庄小路不好走，一个颠簸把外婆从自行车上震下来，外婆一屁股坐在地上，鞋子都甩掉了，戴了一辈子的玉镯子也断成了三截……

⊙ 上图　《拔河》
⊙ 下图　《掉了掉了》

《挽脸》：是传统婚俗之一，即婚礼前由公婆、丈夫、子女俱全的"全福妇女"为新娘修饰梳妆脸面。闽南地区民间人习称没有出嫁的闺女为"查某根"，而经过"挽脸"后，就意味着"转正"成为大人了。

《赶蚊子》：炎炎夏日，奶奶总会拿着蒲扇为小少萍扇风赶蚊子，却顾不上自己被蚊子叮咬，而躺在竹席上的小少萍总能幸福地享受着奶奶的爱护，美滋滋地进入梦乡。

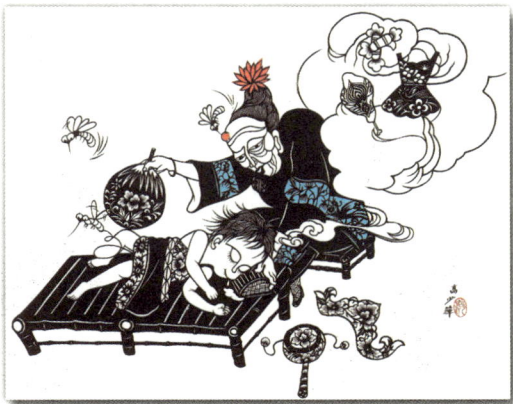

⊙ 上图　《挽脸》
⊙ 下图　《赶蚊子》

《赶集》：舅舅带着小少萍和外婆去赶集。舅舅一边骑车一边嘴上哼着京剧小曲："我家的表叔……"小少萍紧紧地抱着舅舅的脖子怕掉下去，外婆又紧紧地抱着她。

《跳绳》：奶奶叫小哥哥一起为小少萍摇绳，小哥哥不愿意，外婆就把绳子的一端绑在树杈上，小哥哥在边上看得很羡慕。

⊙ 上图 《赶集》
⊙ 下图 《跳绳》

《蒸啥呢》：快过年了，外婆在灶台上蒸各种年糕，闻着飘出来的香味，小少萍忍不住用手扒着灶台，想看但又够不着：蒸啥呢？这么香……

《推磨》：过年前要做糕点，面是自己磨的，爷爷在一旁推磨，奶奶坐在磨盘前把多余的小麦扫到磨盘的孔内，小少萍一边把麦子递给奶奶，一边偷着乐：又有好吃的喽！

⊙ 上图　《蒸啥呢》
⊙ 下图　《推磨》

《冬至暝》：冬至到了，奶奶用两个木凳架着一个箩筐在做"冬至圆"，小少萍在边上，一边搓着盆里的残留面粉，一边想着"冬至圆"，想得口水快流出来了。

《我要飞》：小时候，小少萍总梦想自己能像一只小天鹅在天上自由自在地飞翔。于是奶奶亲手为她绑了一个秋千，她轻轻地为小少萍推秋千，摇到最高处小少萍兴奋地喊："我要飞！"感受到了无穷无尽的欢乐。

⊙ 上图 《冬至暝》
⊙ 下图 《我要飞》

《翻花绳》：闲暇之余，奶奶总带小少萍玩翻花绳游戏。每次玩翻花绳就像是婆孙在"斗法"，小少萍总能用奇妙的解法，解开奶奶手中的花绳，逗得奶奶直夸她。

《学之初》：儿时读的幼儿园就在村庄的破庙里……没有黑板，没有桌子，也没有椅子，更谈不上有点心和糖果，还要自己带着小凳子去学习。

《该上学了》：上小学的时候，因为奶奶不能陪同上课，小少萍哭得死去活来、声嘶力竭，哭喊着"不去……不去……不去"。

⊙　上图　《翻花绳》

⊙　中图　《学之初》

⊙　下图　《该上学了》

《荔枝红了》：每逢夏天，家乡的荔枝树上总会挂满诱人的"红灯笼"，这时，小少萍都会缠着奶奶给她摘荔枝，瞧着奶奶这身手灵敏，不料她哐当一声踢倒了木梯，整个人挂在了树上，惊呆了地上的一群小馋猫。

《梦里童年》：梦里往事知多少，总是在不经意间想起奶奶，脑海里又是一幅鸡飞狗跳的场景，奶奶为了给小少萍做毽子玩不知拔了多少只公鸡的毛。

⊙ 上图　《荔枝红了》
⊙ 下图　《梦里童年》

《恋爱》：长大后，高少萍恋爱了，带男朋友去见爷爷奶奶，俩人打量这小伙子一番，交头接耳地评论，对这未来的孙女婿赞誉有加……

《我出嫁了》：随着浪漫恋情的升级，高少萍步入了婚姻的殿堂。结婚当天，奶奶因孙女嫁人而默默地流泪，尽管不舍，依然为孙女点上了红烛，送上了最美好的祝福。

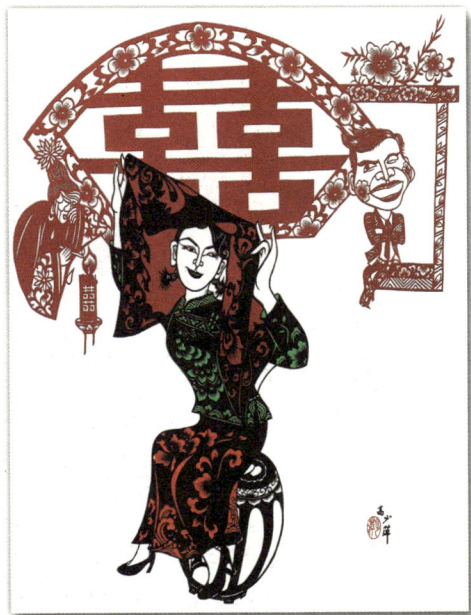

⊙ 上图　《恋爱》
⊙ 下图　《我出嫁了》

2."人物"系列部分作品

大国工匠——高凤林

中国航天科技集团有限公司第一研究院首席技能专家高凤林。

高凤林参与过一系列航天重大工程，焊接过的火箭发动机占我国火箭发动机总数近四成。攻克了长征五号运载火箭的技术难题，为北斗导航、嫦娥探月、载人航天等国家重点工程的顺利实施以及新一代运载火箭的研制做出了突出贡献。

⊙ 大国工匠——高凤林

全国劳动模范——包起帆

包起帆，1951年2月生，工学硕士，教授级高工。他是伴随改革开放成长起来的中国工人的缩影。研发新型抓斗及工艺系统，推进了港口装卸机械化，被誉为"抓斗大王"。参与开辟了上海港首条内贸标准集装箱航线，参与建设了我国首座集装箱自动化无人堆场，积极推进了我国首套自动化程度最高的散矿装卸设备系统的研发，领衔制定了集装箱–RFID货运标签系统国际标准。包起帆与同事们共同完成了130多项技术创新项目，其中3项获得国家发明奖，3项获得国家科学技术进步奖，43项获得省部级科学技术进步奖，36项获得巴黎、日内瓦等国际发明展览会金奖，授权国家和国际专利49项。

⊙ 全国劳动模范——包起帆

全国劳动模范——虞海浓

天然橡胶是世界四大工业原料之一，具有重要价值。在胶树开割期，海南的割胶工人每天凌晨1点就要起床上山割胶，全国劳动模范、海南省优秀共产党员虞海浓就是其中一员。他见证了身边老工人们几十年如一日任劳任怨、甘愿奉献，感动于这种坚守，虞海浓也成长为一名坚忍的工人，他克服一切困难，在大山里工作多年。如今，虞海浓仍坚守初心，为海南自由贸易港的建设奋斗逐梦、砥砺前行。

⊙ 全国劳动模范——虞海浓

全国劳动模范——韩忠

　　韩忠，中共党员，1974年出生，初中毕业后入伍，1993年退伍后参加工作，现任山西润洋翔宇科技有限公司董事长（法人），云冈区第一届政协委员。

　　韩忠多次被同煤集团评为劳动模范、特级劳模、特劳标兵，不仅是因为他工作出色，更为人所感动的是他坚持多年的"助学善举"，用他对矿山子弟深深的爱，托起了近900名困难职工家庭子女的"求学希望"。

⊙ 全国劳动模范——韩忠